プロの研修講師になる方法

日沖 健 著

同友館

はじめに

本書は，プロ研修講師になり活躍するためのノウハウを解説します。

最近，専門家として独立開業を目指す会社員が増えています。なかでも企業勤務で培った知識・経験を直接生かせる研修講師は，中高年を中心に大人気です。

私は2002年に独立し，今日まで研修講師として活動しています。また，中小企業大学校・中小企業診断士養成課程で15年にわたって教えています。その関係で，幅広い年齢層の会社員，とくに企業に勤務している中小企業診断士（企業内診断士）の方から，以下のような問い合わせを頻繁にいただきます。

「どうすればプロの研修講師になれるのか？」

「プロの研修講師って本当に食べていけるのか？　成功のコツを教えてほしい」

「どうやって顧客開拓すればよいのか？」

成功の原理原則はある

独立開業は，大半のビジネスパーソンにとって一生に一度あるかないかという決断です。当然わからないこと，不安なことだらけです。

ところが，どうすればよいか知りたいと思っても，なかなか的確な情報が見つかりません。

研修講師と似て非なるものに，講演・セミナー講師があります。講演・セミナー講師は，独立開業セミナーなどを開催し，よく自身の成功体験を語ります。しかし，研修講師は，自分の体験や活動実態をあまり公の場で語りません。

書店に行くと，研修講師が執筆した書籍はそこそこありますが，自分が担当する研修でテキストとして使うものが大半です。独立開業希望者向けの書籍は，プログラムをどう作るのか，研修の場でどう教えるか，といった内容で，独立開業希望者が本当に知りたい上記のような疑問には答えていません。おそらく独立開業の意思決定や顧客開拓の進め方は人によって千差万別で，書籍にまとめにくいからでしょう。

たしかに，一口に独立開業といっても，職業・年齢・性別・家庭環境など，人によって事情が違います。20代の若手と定年に近い50代では進め方が異なります。当然，成功に至る道筋はケースバイケースです。

では，まったく原理原則のようなものがないかというと，そうでもありません。成功者は適切なやり方をしています。失敗者は不適切なやり方をしています。

私はこれまで数多くの研修講師を見てきました。成功者も失敗者もいます。また，年間約200人，計3,000人近い中小企業診断士を指導し，その過程で多くの方から独立開業に関する相談を受けてきました。

本書は，こうした私の経験を踏まえて，プロ研修講師として独立し，活躍するためのノウハウ・留意点を紹介します。

対象読者は独立開業希望者と他分野の専門家

本書が対象とする読者は，以下のとおりです。

1. 研修講師として独立開業を希望する会社員
2. 経営コンサルタント・税理士・社労士・カウンセラーなど研修講師業務を広げたい専門家

なお，研修講師と似て非なる講演・セミナー講師を目指す方は，対象にしていません。人前でしゃべるという点では研修講師も講演・セミナー講師も同じですが，必要なスキル・顧客開拓・内容・運営など大きく異なるからです。

ここで研修とは，企業（や団体・自治体）に勤務する従業員（職員）を対象に，半日から３日間程度の時間をかけて行う教育訓練を意味します。個人が社外で自主的に参加する1〜3時間のセミナーは，本書では対象にしません。

また，独立開業希望者を対象としており，副業は対象としていません。最近の副業ブームを受けて「副業でプロ講師になろう！」といった書籍やセミナーをよく見かけますが，そこでいうプロ講師とはほぼ100%，講演・セミナーの講師です。個人が受講するセミナーの講師は副業で週末に活動できますが，企業を顧客とする研修は平日昼間に開催するので，企業勤務者が副業で活動するのは困難です。

本書の内容

各章の内容を簡単に紹介しましょう。

第1章では，プロ研修講師が人気を集めている現状と理由を確認し，プロ研修講師の魅力，成功のポイントを検討します。企業の研修ニーズが高まっていますし，独立開業希望者にとっても研修講師は低リスク，やりがいのある魅力的な職業です。

第2章では，独立開業の意思決定や事前準備の進め方について検討します。どういう領域の研修をしたいのか，ダメだったら会社勤務に戻れるのか，といった点を明確にしますが，事前の事業計画づくりや顧客開拓は不要です。

第3章では，研修領域とテーマの設定，さらにプログラムづくりの進め方を解説します。研修領域・テーマの設定には，強みを生かす，機会を捉える，やりたいことをやる，という3つのアプローチがあります。

第4章では，顧客開拓の進め方を検討します。プロ研修講師の営業には，自力で営業する，営業エージェントを使う，教育団体と契約する，という3つのスタイルがあり，適切な方法でプロモーションする必要があります。

第5章では，教育担当者との事前の打ち合わせについて解説します。研修がうまくいくかどうかは，教育担当者との間で，目的・ねらい，受講者，進め方などをしっかりすり合わせするかどうかで決まってきます。

第6章では，当日の研修運営，とくに受講者との関係について検討します。研修では，一方通行にならず，質疑応答，コメントのフィードバック，リフレクション（振り返り）などを通してインタラクティブに運営します。

第7章では，10年続く人気講師になるためのポイントを検討します。人気講師になるには，まず既存顧客にリピートしてもらうこと，さらに学習とブランディングで事業領域を広げる必要があります。

最後に付録として，インタビュー記事を掲載します。カウンセラーという他分野の専門家から研修講師に業務を拡大している宮本実果氏，研修を売るという立場からコベルコ・キャリアディベロップメント社長の吉川哲也氏，研修を買う顧客企業の立場から三井化学・グローバル人材部の辻拓己氏の3名です。

本書によって，研修講師というビジネスの実態と成功のポイントを理解し，すばらしい研修を提供して大活躍する講師が登場することを期待しています。

目次

第1章

研修講師ビジネスの魅力

プロ研修講師の志望者が増えている

近年コンサルタント・税理士・社会保険労務士・カウンセラーなど専門家として独立開業を目指す会社員が増えています。

とくに2年前あたりから，大手製造業で大規模なリストラが行われたことを受けて，中高年を中心に専門家として独立開業を目指す会社員が目に見えて増えています。

私事ですが，昨年（2019年）7月に拙著『独立する！中小企業診断士開業のコツ60』に関するセミナーを開催しました。中小企業診断協会の東京地区の会員（中小企業診断士）に開催案内のメールを配信したところ，その日のうちに定員80名を上回る参加申し込みが殺到し，たまげました。

そして，専門家として独立開業を目指す会社員の中で人気なのが，研修講師です。中高年だけでなく，20代・30代の若手・中堅の会社員からも，「研修講師として独立開業したい。どうすればよいのか？」という問い合わせを多数いただいています。

活躍するプロ研修講師

注目を集めるプロ研修講師。活躍の舞台がどんどん広がっています。

私の身の回りでも，普通の会社員から独立して成功した研修講師がたくさんいます。

通信会社で法人営業をしていたSさんは，現在，マネジメント研修を中心に階層別研修の講師を幅広く担当しています。

部品メーカーで生産技術者だったHさんは，現在，5Sなど生産管理研修の講師として，国内だけでなくアジア各国で活躍しています。

飲食店で接客スタッフとして働いていたMさんは，現在，コミュニケーション研修やマーケティング研修の講師として活躍しています。

また，ある分野の専門家が研修業務を始めて，ビジネスを大きく拡大しているケースがあります。

社会保険労務士のNさんは，以前は社会保険料の算定・納付などを請け負うだけでしたが，評価者研修，さらには人材マネジメント研修などを幅広く担当するようになっています。

p.156以降で紹介する宮本実果さんは，カウンセラーからコミュニケーションや問題解決の研修講師に業務を大きく広げています。

プロ研修講師の活躍の舞台が広がる

なぜ，プロ研修講師を目指す会社員が増えているのでしょうか。なぜ，プロ研修講師の活躍の舞台が広がっているのでしょうか。

理由は，需要サイド＝企業と，供給サイド＝会社員の双方にあります。

まず需要サイドとしては，OJT主体の人材育成から外部講師による研修を展開する必要性が高まっています。

OJT・Off-JT・自己啓発はよく「**人材育成の三本柱**」といわれます。ただ，日本企業はOJT（On-the-Job Training，職場での訓練）が主役で，

図表1　OJT一本足打法からの脱却

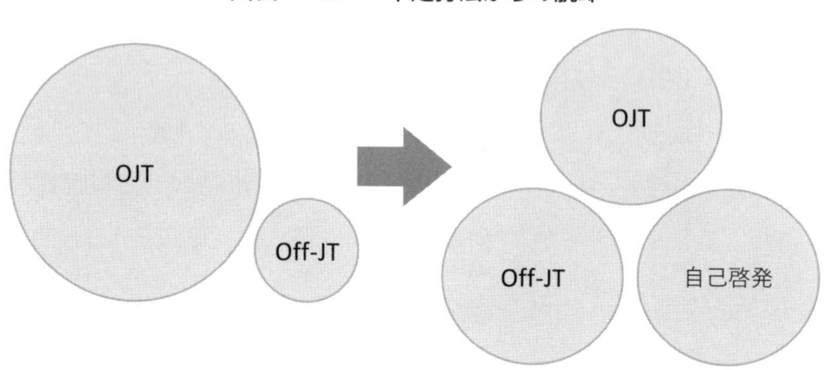

新入社員や管理職昇格者を対象にした研修以外にはほとんどOff-JTを実施していません。とくに中堅・中小企業では事実上「OJT一本足打法」という状態です。

日本企業は，新卒一括採用で知識・スキルを持たない新人を採用し，配属先の職場でOJTによって先輩社員が手取り足取り教え込みます。このやり方には，業務を深く知ることができる，職場のコミュニケーションが深まる，といったメリットがあります。

しかし，OJTは現在やっている基本業務をそのまま伝えるのが中心で，業務を見直したり，新しいこと，専門的なことを深く学ぶのには適していません。

いま，日本企業は，IT化・AI化・グローバル化・人口減少など劇的な環境変化に直面しています。環境変化に対応し，業務を抜本的に改革したり，新規性・専門性の高い分野に挑戦することが求められます。こうした課題に対応するには，専門性を持った外部講師から研修で学ぶ必要があります。

つまり，日本企業は「OJT一本足打法」から脱却し，外部講師による研修を取り入れる必要に迫られているのです。

独立開業希望者にとっての研修講師の魅力

一方，供給サイド，研修講師をする側にも，研修講師業が人気になっている原因があります。

最近，大手製造業などで大規模な希望退職の募集が行われ，定年を待たずに組織を離れる中高年が増えています。あるいは，若い世代では，組織に縛られない働き方を望む人が増えています。

組織を離れて生きようとする会社員にとって，研修講師には以下のようなメリットがあります。

①　知識・経験が生かせる

研修で扱うのは，営業の仕方，問題解決の進め方，職場のマネジメントといったビジネスのテーマです。そのためプロ研修講師は，会社勤務で培った知識や業務経験を活用して，講師業務をすることができます。また，弁護士・税理士といった他の専門家と違って，資格を取得する必要もありません。

②　資本が必要ない

研修講師は，お客様のところに訪問して仕事をするので，事務所を構える必要はなく，自宅で始められます。その自宅にもパソコン1台あれば十分で，大きな投資は必要ありません。

③　赤字になりにくい

研修には大きな需要があり，ビジネスが軌道に乗れば安定した収入を期待できる一方，事業運営のコストはほとんどかかりません。そのため，軌道に乗らずあまり儲からないということはよくあっても，大赤字で事業を継続できなくなるということはまずありません（どれくらい収入が見込めるかは，第2章で紹介します）。

他分野の専門家にとっての研修講師の魅力

また，すでに独立開業しているコンサルタント，カウンセラー，税理士といった他分野の専門家にとっても，研修講師業務を広げることには，いろいろなメリットがあります。

①　サービスメニューの充実

たとえば，社会保険労務士が給与計算などのサービスをクライアントに提供するだけでなく，管理者に評価者研修をすると，人材に関する幅広いサービスを提供できるようになります。

②　顧客の拡大，ビジネスの安定

専門家は，弁護士なら法務部門，税理士なら経理部門，社会保険労務士なら人事部門と日頃は特定の部門と付き合います。ところが，研修には幅広い部門から参加するので，研修参加者の職場の問題を聴いて，コンサルティングを提供するなど，顧客が全社に広がります。しかも，研修は1回実施して成功するとリピート受注になりやすく，ビジネスが安定しやすいという点もあります。

③ スキルアップ

教えるには研修テーマについて広く，深く知る必要があり，専門家でも準備のために勉強します。そのため，研修講師を担当すると，専門家としての知識・スキルが高まります。また，受講者から刺激を受けるということもたびたびあります。

大半の研修講師は元・普通の会社員

活躍の舞台が広がる研修講師。ただ，独立開業希望者には，次のような残念なことを言う方が多数います。

「私はただのサラリーマンで，人に自慢できるような特殊なスキルや経験もありません。やっぱり研修講師は無理ですかね？」

このコメントは，セミナー・講演と研修を混同しています。

セミナー・講演は，不特定の個人に対し講師があるテーマについて話すものです。参加者が興味を持ったセミナー・講演を選んで参加し，参加者が自分で参加費を払います（無料だったり，会社が払ってくれることもありますが）。

セミナー・講演の講師は，政治家・スポーツ選手・芸能人など有名人がよく務めます。あるいは，講師が自分の特殊なスキルや「アフリカを3年間放浪した」といった特殊な経験を語ります。

図表2　研修と講演・セミナーの違い

	講演	セミナー	研修
講師のプロフィール	かなりの有名人・かなり特殊な人	少し有名人・少し特殊な人・普通の人	普通の人
講師の専業・副業	基本は副業	専業もいるが，副業が中心。会社勤務者の副業も多い。	専業か，他の専門家の副業
講師の実施目的	副業として儲ける	本業として儲ける人と本業の営業手段として儲け度外視の人	本業として儲ける
講師料	0円～100万円/時間	0円～100万円/時間	8千円～10万円/時間
受講者数	最大数百名	最大60名	最大30名
費用負担	受講者個人または会社	受講者個人	会社
受講意欲	バラツキあるが，平均はやや高い。「話を聞いて参考にしよう」	高い。「しっかり学んで，自分を変えよう」	バラツキ大きく，平均は低い。「面倒だなぁ」「しっかり学んで成長しよう」
時間	0.5～3時間	0.5～6時間	半日～3日（同じ受講者にシリーズで3～10回やる場合も）
内容	個人・会社のニーズに関する一般論	個人のニーズに関する一般論	会社のニーズに関する具体論
依頼者とのすり合わせ	ほぼなし	ほぼなし	綿密に行う
事前課題・事後課題	なし	なし	ある場合も
進め方	一方通行の講義	講義中心だが，ワークも	講義，演習，ワーク，ゲームなど多彩
テキスト・資料	なし，または項目レベルの簡単なレジュメ	なし，またはテキスト・データ・書籍など	テキスト，データ，書籍など
研修中の軌道修正	なし	ほぼなし	頻繁にあり
講師による受講者評価	なし	なし	たまにあり
受講者による講師評価	滅多にない	たまにある	たいていある
受講者との関係	ほぼその場限り	コンサルティングなどサービス提供に繋がることも	その場限りが多いが，コンサルティングなどサービス提供に繋がることも
リピート受注	なし	なし	かなりあり

一方，研修は，ある特定の企業に所属する従業員に対し，企業が設定するテーマについて講師が教えるものです。企業が業務として従業員に参加させ，企業が費用を負担します。

研修講師は，有名人である必要も，特殊なスキルや経験も必要ありません。それよりも大切なのは，顧客である企業のニーズを読み取り，ニーズに沿ったプログラム・教材を作り，受講者にわかりやすく伝えることです。そして，これらは普通の会社員でも，しっかり学び，取り組めば，実践できるようになります。

つまり，セミナー・講演の講師は特別な人がやる仕事ですが，研修講師は普通の会社員でもなれるのです。特殊な経験・スキルはもちろん，カリスマ性も，アナウンサーのような美声も，必要ありません。実際に活躍している研修講師の9割以上は，「元・普通の会社員」なのです。

本書は，もっぱら研修講師を対象とし，セミナー講師に関する解説は割愛します。研修講師のほうが「元・普通の会社員」には向いているというだけのことで，どちらが偉い，どちらが正しいといった話ではありませんので，悪しからず。

講師経験も必要なし

そうはいっても，「会社で教育担当をするなど研修に携わった人のほうが断然有利ではないか」，あるいは「教育を受ける立場に終始した自分は向いていないのではないか」と思われるかもしれません。

ここで質問。研修講師として独立開業を目指す次のAさんとBさん

（ともに50歳）では，どちらが成功する確率が高いでしょうか。

Aさん：大手メーカーで長く教育部門に在籍。年間100日以上研修講師を担当。

Bさん：中堅専門商社で営業一筋。講師経験はなし。

結論的には，AさんとBさんの成功確率に明確な差はありません。あえていえば，Bさんのほうがやや成功しやすいでしょうか（あくまで私の印象です）。

少し正確にいうと，独立開業してスタートダッシュを切るのは，即戦力のAさんです。Aさんは，元の勤務先から業務を請け負うことがありますし，仕事で培ったネットワークを生かして顧客を開拓することができます。しかし，1年も経つと会社やネットワークとの関係性が薄れて仕事が減り始め，3年も経つと開店休業状態になります。

一方，ずぶの素人のBさんは，当然スタートダッシュはありえません。ただ，それにめげずにゼロから学習し，着実にスキルを高め，実績を重ね，長い時間かけて人気講師としての地位を築き上げます。

即戦力が成功しない理由

断然有利な立場にあるはずの即戦力・Aさんが成功しないのはなぜでしょうか。

私に相談に来るAさんは，自信満々です。

「社内講師を年間100日以上やってきた」

「受講満足度（のアンケート）は5点満点で常に平均4点以上だった」

なかには，プロ講師の私に向かって「これまで多数の外部講師を見てきたが，私よりも教え方がうまいと思った講師に出会ったことがない」と豪語する人もいます（「だったら相談に来なくてもいいのに…」と内心思いますが）。

ただ，よく聞いてみると，100日稼働といっても，新入社員研修や昇格者研修のような定型化されたプログラムで，会社が企画・募集などすべてお膳立てし，社員が必須受講という研修ばかりだったりします。受講満足度が高いといっても，アンケートはたいてい記名式で，受講者は人事部門を相手に面と向かって低い評価をつけにくかったりします。

研修講師業で難しいのは，まず受注すること，次に受講者を集めること，そして受講者に満足してもらうことです。どれだけ経験豊富でも，この3つの関門をくぐっていないAさんは，プロから見てまったく鍛えられていません。

つまりAさんは本当の意味では即戦力ではなく，独立開業しても，そのままでは通用しないのです。

継続的な学習がカギ

一見，即戦力のAさんですが，プロとして活躍するためには，営業の方法，顧客のニーズに合わせてプログラムを作る方法，研修運営の方法などを改めて学習する必要があります。

企業を取り巻く経営環境がどんどん変化しています。市場・顧客・競合・技術が変わり，企業はいろいろな問題・課題に直面するようになっています。それに伴い，企業の研修ニーズも高度化し，多様化しています。Webベースの研修や**アクションラーニング**（体験型の研修）など研修技法も進化しています。

そのため，研修講師が持っている知識・スキルはどんどん陳腐化します。一度学習したらおしまいではなく，継続的に学習する必要があるのです。

ところが，経験・実績が豊富でプライドの高いAさんは，「そんなことわかってるよ」ということで，過去を否定してゼロから学習しようとしません。最初はよくても，時代の変化についていけなくなり，現役時代のコネも効果が薄れ，尻すぼみになっていきます。

それに対してずぶの素人のBさんは，自分の知識・スキルが足りないことを自覚しているので，謙虚にゼロから学習します。自分の経験・スキルを伝えるよりは，顧客のニーズに合わせて顧客と一緒になって研修を作り上げます。顧客から喜んでもらえて，顧客とともに成長していきます。結果として人気講師になれます。

つまり，経験やスキルよりも，継続的に学習できるかどうかが，独立開業して成功するためのカギなのです。

始めやすいことと成功することは別物

もちろん，「元・普通の会社員」が大活躍しているからといって，逆に誰でも成功できるというわけではありません。

私の周りにも，意気込んで独立開業したものの，うまく事業が軌道に乗らず，1年足らずで店じまいするという方がたくさんいます。誰でも始められるということは，逆に業界への参入障壁が低く，無数のライバルがいるわけです。ライバルがひしめくなか，顧客を獲得してビジネスを軌道に乗せるのは容易なことではありません。

まず，自分の存在を知ってもらうことに一苦労です。

同じ独立開業でも，たとえばラーメン店なら，通りかかった人に「ああ，新しい店ができたな」と認識してもらえます。実際に，そのうちの何%かは店に来てくれます。しかし,研修講師が「独立開業しました！」と言っても，前勤務先・同窓生やSNSつながりなどすでに関係のある人に伝わる程度で，それ以外には誰も研修講師としての自分を認識してもらえません。広告を出しても，ほとんど効果はありません。

ライバルである他の研修講師とどう差別化するかも，悩ましい問題です。

ラーメン店の場合，実際にラーメンを作って見込み客に試食してもらえば美味しさが伝わります。しかし，研修講師は目に見えないサービスなので，どういう特徴があるのか，どういう教え方をするのかなど，なかなか見込み客に伝わりません。無料で試してもらうというのも困難です（セミナー講師は，顧客開拓のために無料セミナーをよく開催します）。

活躍する研修講師の条件

簡単に始められるが，成功するには高いハードルがある研修講師業。独立開業を躊躇するのが当然です。

しかし，現実に独立開業を決断し，ハードルを乗り越えて大活躍している「元・普通の会社員」がたくさんいます。

研修講師として活躍する条件は以下の4つです。

① 専門性

受講者はビジネスの課題の解決に役立つ知識・スキルを身につけるために，忙しいなか，時間を割いて研修を受講します。したがって，講師には研修テーマについて受講者が納得できる専門知識・スキルが必要です。ただし，学者のような学術的な知識やその講師にしかないオンリーワンのスキルが必要というわけではなく，あくまで受講者から見て「その道のプロ」と思えるかどうかです。

② 営業力

研修講師に限りませんが，独立して自分でビジネスをする場合，顧客開拓する営業力が必要です。目に見えない知識サービスである研修を売るには，目に見える物理的な商品を売る一般的な営業と違った営業力が要求されます。

③ 企画対応力

研修は，企業の教育担当者と研修講師が一緒になって作り上げていくものです。教育担当者が研修ニーズやテーマを提示し，それに対して講師がプログラムを提示し，どういう研修をやるか，プログラムや教材などを協議します（教育団体や営業エージェントもこの協議に加わります）。そのため講師には，教育担当者のニーズを読み取り，顧客企業や受講者の実情に合わせて企画をする対応力が必要になってきます。

④　コミュニケーション力

講師が一方的に聴き手に伝えるセミナー・講演と違って，研修は演習やワークなども交えて講師と受講者がやり取りしながら進めます。そのため講師には，知識・スキルを受講者に伝えるプレゼンテーション力だけでなく，場の雰囲気を活性化させたり，受講者から意見を引き出したり，受講者の悩みに答えたりする，トータルなコミュニケーション力が要求されます。

もちろん，こうした能力を独立開業した当初から完璧に身につけている研修講師はいません。いろいろな経験を積んで，成功・失敗から学んでいくというのが実態です。

10年・20年という長期間にわたって活躍している研修講師は，例外なく継続的に学習しています。したがって，研修講師として活躍するための第5の条件として学習能力が挙げられるでしょう。

本書は，次章以下でこうした点について，成功者の事例や私の経験をまじえてポイントを解説します。

第2章

独立開業の意思決定と事前準備

研修講師の収入事情を知る

この章では，成功のための第一歩である独立開業の意思決定と事前準備について考えます。

まず，お金の話から始めましょう。

「えっ，いきなりお金の話？」と思われるかもしれません。「いい仕事をすれば結果がついてくる。お金は二の次，三の次」と眉をひそめる方もいるでしょう。

ただ，十分に収入を確保できるかどうかが，独立開業の意思決定をするうえで最も重要なポイント，避けて通れない問題です。金銭事情がわからずに意思決定できませんし，目標も計画も作れません。

一般に，研修講師の報酬は時間単位で支払われます。ですから，研修講師の収入は，次のように決まります。

収入 ＝ 講師料単価 × 稼働時間

正確には，このほかに，プログラム作成料・資料作成料・マネジメント料・旅費交通費などを受け取ります（請求できない場合もあります）。また，多くの研修講師は，講師業務以外の収入があります。

しかし，ここでは話を単純化して「講師料単価」と「稼働時間」について考えることにしましょう。

講師料単価はピンキリ

講師料単価は，実にピンキリです。下は1時間当たり8,000円，上は5万円くらいでしょう。ある外資系コンサルティング会社の社長は1時間当たり20万円を超えるそうですが，これは超例外です（外資系コンサルティング会社の社長が研修講師をすること自体が例外です）。

下の1時間当たり1万円を下回るケースは，実績・知名度がない駆け出しの講師が教育団体や営業エージェントが受注した案件を請け負う場合です。

上の5万円は，実績・知名度がある有名な講師が自分で直接，クライアントから受注する場合です。

第4章で紹介しますが，研修講師業務は，教育団体や営業エージェントが受注した案件を請け負う場合と研修講師が自分でクライアントから直接受注する場合があり，講師料単価は大きく異なります。また，クライアントが大企業か中堅・中小企業かによっても違ってきます。

平均値としては，請負の場合1万3,000円，直接受注の場合3万円というところでしょう。もちろん推測です。

稼働時間数はさらにピンキリ

一方，稼働時間。研修講師の世界では，1日研修で6時間稼働するというのが1つの標準です。昼食休憩1時間を含めて，10：00～17：00で6時間です。もちろん，夜遅くまで10時間やることもあれば，午前中3時間だけということもあります。あくまで標準です。

研修講師は何日稼働しているのでしょうか。これは講師料単価よりもさらにピンキリです。研修講師とは名ばかりでほとんど開店休業状態という不人気講師もいれば，毎日のように稼働している花形講師もいます。

稼働日数の上限は，専業で大人気という講師でも，1日6時間ベースで年間200日というところでしょう。クライアントは休日や年末年始・年度替わりなど繁忙期の開催を避けるので，研修を開催可能なのは最大250日。ただ，研修には事前の提案・調整，事後の振り返りなど前後の手間があるので，250日フルに稼働することはできません。もし200日を超えるという講師がいたら，セミナー・講演と混同しているか，嘘をついているか，どちらかでしょう。

稼働日数が多いのは，営業力のある教育団体と契約した場合です。教育団体の中で人気・信頼を獲得してエース級になれば，稼働日数が飛躍的に増え，200日に近づきます。ただ，教育団体からの請負は，講師料単価が低いことに注意が必要です。

直接受注では，どうしても稼働日数が増えません。特別に営業力があるか，大手企業の階層別研修を一括で受注するとかでない限り，100日を超えるのは難しいでしょう。

平均値としては，請負の場合80日，直接受注の場合40日くらい稼働している講師が多い印象です。繰り返しますが，ゼロから200日まで超ピンキリです。

結局，講師の年収は？

以上から，研修講師の年収を大まかに推測できます。

【請負の場合】
80日×6時間×1万3,000円/時＝620万円

【直接受注の場合】
40日×6時間×3万円/時＝720万円

つまり，600～700万円くらいが研修講師の年収の中心帯というところです。

もちろん，これは平均ですし，研修講師業務以外の仕事もしているので，かなり多くの研修講師が年収1,000万円以上を得ています。

普段，独立開業希望者から相談を受けたら，「まったくピンキリです」という回答で済ませているのですが，今回あえて推測してみました。

この数字を「普通のサラリーマンより少し多いんだな」と見るか，「リスクを取って独立開業してたったその程度なの」と見るかは，お任せします。

ちなみに私の2019年の実績は，稼働日数（1日＝6時間）は請負120日と直接受注50日で170日，時間数でいうと1,020時間。講師料単価はならすと時給は約2万円，講師料総額は2,050万円くらいです。ほかにコンサルティングを約50日やり，2冊ビジネス書を執筆しまし

た。独立開業して３年目からは，だいたいこれくらいの数字が続いています。

研修領域を設定する３つのアプローチ

大まかな金銭事情がつかめたら，どういう研修をやるのかという研修領域（事業領域）を決めます。

一口に研修講師といっても千差万別です。若手社員を対象にする講師もいれば，幹部社員を対象にする講師もいます。ビジネスマナーを教えるのか，専門スキルを教えるのか，専門スキルでも営業のスキルとものづくりのスキルでは，まったく異なります。

あれもこれもと手を出すより，「コーチングなら○○先生！」という専門領域を確立するべきです。

研修領域の設定には，３つのアプローチがあります。

① 強みを生かす

例）メーカーで生産技術部門にいたエンジニアが生産管理研修の講師になる

② 機会を捉える

例）女性活躍が叫ばれていることを受けて，女性リーダー研修の講師になる

③ やりたいことをやる

例）文章を書くことが好きなのでライティング研修の講師になる

図表3　3つのアプローチ

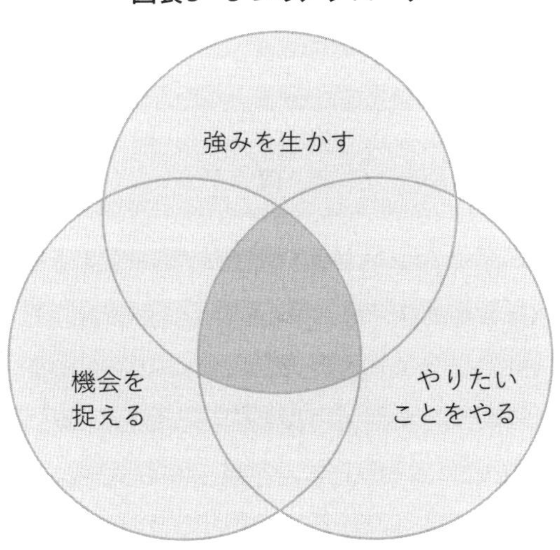

もちろん，理想は3つが揃っている領域です。強みを生かせることなら，他の研修講師と差別化できます。やりたいことなら情熱を持って取り組むことができます。機会を捉えていれば大きな需要を期待できます。3つが揃っていれば，かなりの確率で成功するでしょう。

ただ，現実には3つ揃っている領域を見つけ出すのは困難で，どのアプローチを優先するかを決める必要があります。

それぞれのアプローチでどのように研修領域・研修テーマを設定するかは，第4章で詳述します。

目標を立てる

次に，事業の目標を立てます（研修領域よりも前に決めることもあります）。

研修講師に限らず，あらゆるビジネスで成功するには目標が大切です。適切な目標があると，成功に向けて時間・労力を集中できますし，モチベーションが高まります。

目標には，以下のような定性目標と定量目標があります。

【定性目標】
・何を実現したいか
・どういう講師として認められたいか
・顧客や社会にどう貢献するか
　例「メーカーのグローバル化・デジタル化に対応できる人材育成に貢献する研修講師になる」

【定量目標】
・顧客数
・稼働日数
・収入
・利益
　例「年間10日以上リピートする安定客を5件獲得し，収入1,500万円を獲得する」

できれば定性目標と定量目標の両方を作りましょう。

良い目標の条件は，SMARTです。**SMART**は，Specific・Measurable・Achievable・Related・Time-boundの頭文字です。（A＝Agreed upon同意されている，R＝Rewardingやりがいのある，など，いろいろなバージョンが提唱されています。）

・Specific：具体性
明確で具体的に示されている。
×「コミュニケーション力の向上に貢献する」
○「管理職の部下とのコミュニケーションの改善に貢献する」

・Measurable：測定可能性
達成度合いを判断できるよう，定量的に示されている。
×「お客様からの支持をもらう」
○「リピート受注５件と新規受注５件を獲得する」

・Achievable：達成可能性
適度に達成可能なレベルである。
×「リーダー養成の分野で世界一の講師になる」
○「リーダーを対象にしたケースメソッド研修で日本一になる」

・Related：関連性
設定した目標が自分自身の主義・信条に合致している。
×「（経営が悪化した企業の立て直しに貢献したいが）収入確保のために優良企業から単価の高い受注を獲得する」
○「（明るく楽しい職場づくりに貢献したいので）職場のコミュニ

ケーションに問題がある企業を対象に，職場活性化研修を普及させる」

・Time-bound：時間軸

いつまでに目標を達成するか，期限が明確に設定されている。

×「年収2,000万円を達成する」

○「2年以内に事業を軌道に乗せ年収1,000万円，事業領域を広げて4年内に2,000万円を達成する」

成功者はSMARTな目標を掲げ，「ぜひ，これをやりたい！」という研修テーマを持ち，目標達成に向けてたゆまぬ努力をしています。

活動スタイルを選択する

続いて，活動スタイルを選択します。

研修講師といっても実に多種多様で，いろいろな活動の仕方があります。次のような代表的な活動スタイルがあります（なお，教育団体に所属する社員講師は，独立開業ではなく転職なので，本書では検討から除外します）。

スタイル1：**自分で営業**
スタイル2：**教育団体と委託講師契約**
スタイル3：**営業エージェントに営業を委託**

ここでスタイル2の教育団体もスタイル3の営業エージェントも，研修というサービスを売るという点では同じです。しかし，明確な違いがあります。

・教育団体は，研修講師と委託講師契約を交わし，継続的に取引します。一方，営業エージェントは売ることに特化し，個々の案件ベースで研修講師と取引します。
・教育団体は定型化されたプログラムや教材を持っています。一方，営業エージェントは，講師がプログラムや教材を作ります。
・教育団体は，契約した講師向けに養成プログラムを展開します。一方，営業エージェントには講師養成プログラムはなく，即戦力の講師を起用します（講師登録の条件として講師養成セミナーを受講してもらうことはあります）。

各スタイルのメリット・デメリットは，**図表4・5・6**のとおりです。

実際には，どれか1つというわけでなく，2つ，3つを組み合わせている研修講師が多いようです。私もそうです。

スタイル1では顧客が集まりにくい，スタイル2では教育団体と講師契約できない，スタイル3では良い営業エージェントが見つからないというリスクがあります。うまくいくかどうか「やってみないとわからない」というのが実態ですが，スタイルによって研修講師としての活動や顧客開拓の進め方が大きく違ってくるので，独立開業する時点で希望を確認しておきます。

図表4　自分で営業

メリット	デメリット
・自分に合った案件を受注できる ・受注単価が高い（手数料を抜かれない） ・市場での認知度が向上する	・顧客が広がりにくい ・営業やすり合わせに時間・手間がかかる ・日常のプロモーションが必要

図表5　教育団体と委託講師契約

メリット	デメリット
・顧客が広がる，顧客の質が高い ・講師業務に専念できる ・講師のスキルが上がる（養成研修がある）	・受注単価が低い（手数料を抜かれる） ・自分に合わない案件が増える ・教育団体の担当者との関係づくりが必要

図表6　営業エージェントに営業を委託

メリット	デメリット
・顧客が広がる ・講師業務に専念できる	・受注単価が低い（手数料を抜かれる） ・自分に合わない案件が増える ・営業エージェントとの関係づくりが必要

教育団体との契約

ここで，教育団体について詳しく紹介しましょう。

日本には大小さまざまな教育団体があり，研修業界では大きな存在感があります。ビジネスコンサルタント，日本能率協会，産業能率大学，グロービス，リクルートなどの大手が有名です。

多数の研修を行うのは大企業で，大手の教育団体が大企業の研修を請け負っています。なぜなら，大手の教育団体には大企業のニーズに応える高度な対応力があるからです。大企業では，新入社員研修・課長研修といった**階層別研修**が多数あり，開催数も多いので，多数の講師を揃え，標準化されたプログラムや教材を持つ大手教育団体でないと，なかなか対応しきれません。

研修講師として活動する場合，スタイル1・スタイル3で大手教育団体と対抗するか，スタイル2で大手の教育団体から業務を請け負うか，あるいは大手教育団体とあまり競合しない中堅・中小企業に特化するか，という選択をします。

スタイル2で教育団体と講師契約をしたいなら，応募しましょう。大手の教育団体は公式・非公式に契約講師を募集しています。

大手の教育団体の場合，ビジネスのあらゆる領域で研修を展開しています。とはいえ，教育団体によって得意・不得意があります。グロービスは経営人材育成が得意，産業能率大学は中間管理職のマネジメント研修が得意，中産連（中部産業連盟）はものづくりの現場教育が得意，という具合です。中小になると，特定の業務や特定の業界に特化しているケースもあります。

教育団体の特徴を調べて，自分の専門領域と合致した教育団体を選びましょう。教育団体の強みと自分の専門領域が合致していることが重要です。

ただし，自分の専門領域と合致しない特徴を持つ教育団体を選んでうまくいくケースもあります。その教育団体が苦手とする領域について，新しい講師を起用して事業を拡大したいと考えているケースです。

私は，2002年に独立した直後に産業能率大学と委託講師の契約をしました。当時，産業能率大学は経営人材育成を本格的に手掛けておらず，この領域を拡大したいと考えていたので，講師経験のなかった私でも契約してもらえました。また，教育団体の内部にライバルがいなかったので，契約後早い時期から研修の登壇機会をたくさんいただきました。

ブランド力・営業力のある教育団体を選ぶ

一口に教育団体といっても，まさに千差万別です。中小企業診断士などの資格を持っていればとりあえず講師登録（契約ではない）できるという，営業エージェントに近い教育団体もあれば，厳格な審査を通過して選抜された人だけしか講師契約できないという教育団体もあります。

当然ながら，簡単に講師登録できる教育団体は，登録している講師数が多い一方，営業力や市場でのブランド力などもないので，登録してもなかなか登壇機会に恵まれません。仕事が回ってきても単発の，単価が安い案件ということになります。

一方，有力な教育団体は，営業力・ブランド力があり受注件数が多いので，登壇機会がたくさんあります。大手企業で継続して実施する案件を担当できます。なお，契約した講師に対する導入研修やサポートが充実しているのも，有力な教育団体のメリットです。

教育団体と連携して講師活動をするというなら，せっかくなので，営業力・ブランドのある教育団体を選びましょう。仕事欲しさに手あたり次第であちこち教育団体に応募し，登録する講師を見かけますが，有力な教育団体は他の教育団体と二重契約する講師を嫌がるので，注意が必要です。

年齢や資格・学歴の壁はある

有力な教育団体と契約する講師には，2つのパターンがあります。

1つは，すでに講師経験があったり，講師経験はなくても専門家としての実績がある場合，いわば即戦力です。この場合，かなり高齢でも，資格・学歴がなくても大丈夫です。

もう1つは，講師経験や専門家の実績はないものの，将来性が高い人材です。つまり，30代とか若く，中小企業診断士など難関資格かMBAなど高学位を持っているハイスペック人材です。

私は36歳で独立開業した直後から現在まで，産業能率大学と講師契約をしています。独立開業した時点で講師経験も専門家としての経験もなく，後者でした。

もちろん，有力な教育団体との契約を希望する人は多いので，なかなか難関です。

よく独立開業希望者から「高学歴じゃないとダメですか」と聞かれます。高学歴でなくても，無資格でも大活躍している講師はたくさんいますが，こと有力な教育団体との契約では，年齢や資格・学歴の壁があるということになります。

とはいえ，絶対に超えられない高い壁というわけではありません。教育団体は将来をにらんで常に新鮮な講師を求めています。競合する教育団体に対して優位に立ち，顧客にアピールするためには，マンネリ化を避ける必要があるからです。まずは教育団体を選んで，ホームページなどで募集を確認し，応募してみましょう。

ち密な事業計画は作るだけ無駄

目標と活動スタイルを決めたら，一般的な起業では，続いて事業計画を作ります。組織形態，資金計画，営業計画，など具体化します。一般的な起業では，設備資金や運転資金を金融機関から借り入れるために，事業計画書を作成・提出する必要があるからです。

しかし，研修講師として独立開業する場合，運転資金や設備資金がほとんどゼロなので，銀行から借入れをする必要はありません。したがって，事業計画を作成する必要はありません。

必要はないとしても，計画的に事業を進めるために，自分なりに作ったほうがよいのでしょうか。

これはいろいろな意見がありますが，私は「作っても無駄」「むしろ作らないほうがよい」と考えます。

研修講師の場合，設備投資は不要で，経費もほとんどかからないので，事業計画といっても実質的には売上高の計画です。では，独立開業前に売上高を正確に見積もることができるでしょうか。

独立開業して数年たって事業が軌道に乗ったら，「A社とB社は来年もリピートしてくれそうだな。C社は今年限りでなくなりそうだな。新規案件が5件くらいあるかな？」などと売上高（＝稼働時間数×講師単価）をおおよそ見積もることができます。

しかし，独立開業前に売上高を正確に見積もるのは非常に困難です。

私が独立する前に，「日沖さんが独立したら，研修をお願いしますよ」と言ってくれる関係者が数名いました。しかし，結果として誰一人として依頼はありませんでした（そう言ってくれなかった関係者からの依頼はたくさんありましたが）。

事業計画のマイナス効果

独立開業に当たり，ち密な事業計画を作る研修講師がいます。また，コンサルタントや税理士といった専門家は，顧客に「しっかり事業計画を作りましょう！」とアドバイスをしている手前，自分自身の計画がなくては格好がつかないので，事業計画を作ってから事業展開します。しかし，私の知る限り，事前に作った事業計画がそのまま実現したケースは皆無です。

綿密な事業計画は，実現しないから作っても意味がないというだけでなく，マイナス面があります。それは，独立開業・事業開始を思いとどまらせてしまうということです。

繰り返しですが，独立開業の時点で，どれだけ顧客を獲得できるのか，見通しが立ちません。関係者・知人が将来の研修依頼を確約してくれたとしても，2年目以降リピート受注できるかどうかは不明です。売上高はまったく予想がつかない一方，コストはある程度予測できます。つまり，冷静に事業計画を作ると，「リスクが大きすぎる」「成功しそうにないな，やめておいたほうがいい」という結論になるのです。

研修講師業に限らず，新しいビジネスはリスクが大きく，成功するかどうかは不透明，やってみなければわかりません。安定を求めるなら研修講師などせずに会社勤務を続けたほうがよいわけで，研修講師をやりたい，でもリスクは避けたい，というのは矛盾した考え方です。

事業計画を作り，万端に準備を整えて独立開業しようとすると，決断できません。それよりも，「ダメだったらサラリーマンに戻ればいいや」と気軽に決定するほうが，結果的にうまくいっているように思います。

以上，独立開業の意思決定については，「何をやりたいか」を明確するだけで十分で，事業計画を作成する必要はありません。

事前のプログラムづくりも不要

また，研修プログラムや教材を作るのも，時間の無駄です。

よく独立開業前に研修プログラムを，できれば教材を作っておこうとする人がいます。頭で考えるだけでなく，社外セミナーにせっせと顔を出して，プログラムや教材の研究をする人がいます。

第１章で紹介したとおり，セミナーと研修はまったく別物です。セミナーのプログラムや教材が研修でそのまま使えることは，まずありません。自分の知識・スキル・経験を伝えるセミナーと違って，研修というのは顧客と一緒に作り上げていくものです。定型化されたプログラムや教材を売ることができるのは，著名な講師か大手教育団体だけで，独立開業前に作ったプログラムや教材がそのまま使えるということはありません。

とくに，テキストなど研修教材は，作ったとしても，実際に研修を実施するときには顧客の要望を踏まえて作り込みます。

もちろん，社外セミナーでいろいろと勉強になることはあるでしょうから，「行くな」ということではありません。独立開業の事前準備としては意味がないということです。

繰り返しますが，独立開業前の段階では，だいたいの研修領域と「こういうことをやりたい」を決めておけば十分です。

フライング営業は控える

独立開業希望者からよく聞かれるのが，独立前の営業活動，いわゆる**フライング営業**の是非です。

独立開業して問題になるのは，何といっても顧客開拓です。会社員は会社に行けばやるべき仕事がありますが，独立開業すると顧客開拓し，受注しない限りやることがありません。研修講師は人気商売なので，人気が出れば断るのがたいへんなくらい次から次へと仕事の依頼が殺到しますが，人気が出る前の駆け出しの頃は，開店休業の状態が続きます。無収入の期間は，短くて数か月，長ければ1年以上に及びます。

こうした事態を避けようと，会社に勤務している間に営業活動をするのがフライング営業です。とくに，営業担当者が得意先に対し，大企業の管理職がグループ企業の関係者などに対し営業することは，よく行われているようです。

不安な気持ちは痛いほどわかりますが，フライング営業はやらないほうがよいでしょう。

まだ何の実績もない研修講師候補と契約してくれるのは，研修講師の実力を買ってというより，恩義と人情で仕方なく，というところでしょう。そういうクライアントは，研修講師が会社を辞めてしばらく経って恩義がなくなると，さっさと契約を解除します。つまり，退職前にクライアントを獲得しても長続きせず，独立開業後の収入減に対しては気休め程度にしかなりません。

勤務先との関係を大切にしよう

取引関係が長続きしないというだけでなく，フライング営業には深刻なマイナス面があります。それは，勤務先との関係が悪化することです。

教育団体と契約する場合を除くと，関係者からの紹介で受注する場合が多く，とくに企業勤務が長い独立開業者にとっては，元勤務先が有力な受注チャネルになります。

ただ，独立開業後も元勤務先から声をかけてもらえるのは，企業勤務時代に信頼される良い仕事をし，その後も良好な関係を維持している場合です。

ここで，会社に勤めながら独立開業に向けてフライング営業に勤しむと，当然会社での業務がおろそかになり，「いい加減な仕事をするやつ」というイメージが定着します。さらに，獲得したクライアントから「仕方なく契約を結ばされた」という苦情が元勤務先に届くと，元勤務先との関係は決定的に悪化してしまいます。

副業が解禁され，社員の社外活動に対する見方が変わりつつあるので，10年後はわかりません。しかし，少なくとも現時点では，フライング営業はメリットが少なく，デメリットが大きいと思います。プログラム・教材づくりが「やる必要がないこと」だとすれば，フライング営業は「やらないほうがよいこと」なのです。

勤務先との関係という点では，フライング営業をしたいという誘惑を我慢し，退職の日までしっかり会社業務に打ち込み，良い印象と良い関係を維持して会社を去るのがベストです。

ネットワークの棚卸しをしよう

フライング営業をしないとすれば，営業面では何も事前準備をする必要はないのでしょうか。そうではありません。**ネットワークの棚卸し**は絶対に必要です。なぜなら，企業勤務時代に培ったネットワークは，独立開業後の顧客開拓で最大の武器になるからです。

社内外の人脈をできるだけ幅広くリストアップしましょう。

- 社内のメンバー
- 顧客・仕入先・取引銀行・業界団体など社外の関係者
- 学校時代の知人
- 趣味・地域・SNSでのつながり

なお,「設計事務所に勤めるAさんを知っている」というだけでなく,「設計事務所に勤めるAさんは,東北地方の建材業者と深いつながりがある」という具合に,ネットワークのさらにその先のネットワークまで確認するようにします。

そして,独立開業したら関係者に挨拶状を出します。メールやSNSでも出しますが,研修は企業が相手なので,正式なハガキを出すとよいでしょう。

もちろん,挨拶状を出したくらいで研修の依頼が即座に来るということはありません。ただ,挨拶状を受け取った相手は,「ああ,日沖さんが独立してマネジメントの研修とかやっているんだな」と記憶し,何かあったときに声をかけてもらえます。直接の依頼というよりは,「知り合いが人事部長をしている会社で新しい研修を企画していて,日沖さんのこと思い出しました」という具合です。

生活面を確認する

事業計画を作るよりも大切なのが,生活面の確認です。

人気講師になるか,不人気講師で終わるかは,まさにケースバイケースです。大手企業の教育部門に所属し,社内講師として経験豊富で文句なしの即戦力のはずなのに,独立開業した後は鳴かず飛ばずという人がいます。一方,学歴・資格・経験がなく,「ちょっと大丈夫かな」と周囲を心配させた人が売れっ子講師になったりします。努力ももちろん関係しますが,最終的には運しだいです。

成功の絶対の法則がない以上，独立開業にあたっては，人気講師になれなかったらどうするのかを考えておく必要があります。どういう状態になったら諦めて別の仕事を探すのか，めどをつけておくとよいでしょう。「そういう状態になったら決めればいいや」ということだと，だらだらと続けて破滅的な状態になったりします。

とくに大切なのが，撤退期限の設定です。

研修講師業は大きな経費支出がないので，他のビジネスと違って大赤字になって廃業に追い込まれるということはありません。ただ，収入が少ない状態が半年，1年間と続くと，さすがに生活費の負担に耐え切れず，事業継続を断念しなければならなくなります。今は飛ぶ鳥を落とす勢いの人気講師でも，仕事がほとんどない雌伏の期間が必ずあります。

したがって，不人気で低収入・無収入の状態にどれくらいの期間耐えられるのかを確認しておく必要があります。確認するのは以下の2点。

A：生活に必要な費用
B：自由に使える貯え（介護・老後・子供の進学などに備えた貯えを除きます）

たとえば，Aが月30万円，Bが600万円なら，

B（600万円）÷A（30万円）/月＝20か月

2年弱は無収入でも耐えられるということになります。

Aを減らせば，この期間が長くなります。独立開業するにあたり，無駄な支出を減らすなど生活を見直すようにしましょう。

あと，独立して会社を離れると，銀行から借入れをしたり，クレジットカードを作るのが難しくなります。必要な借入れやカードは，会社勤めをしているうちにやっておくとよいでしょう。もちろん，無駄な借入金やカードはないのがベストです。

ダメだったら再就職できるか

という話をすると，多くの独立開業希望者は暗い顔をします。

「まだ住宅ローンも残っていて，自由に使えるお金はありません」

「それって，妻が高収入とか，実家が資産家といった恵まれた人しか研修講師になれないってことですか？」

そうとは限りません。Bがマイナスなのに思い切って独立し，大活躍している研修講師がたくさんいます。しかも印象としては，資産を持って余裕をもって独立開業した人よりも，貯えなく挑戦した人のほうが成功しているように思います。かくいう私も36歳に独立した時は，住宅ローンをウン千万円抱え，Bは大幅なマイナスでした。妻は専業主婦で，二人の娘は3歳と1歳でした。

私を含めてBがマイナスという人が独立開業に挑戦するのは，一言でいうと「ダメならサラリーマンに戻ればいいや」という心境です。

研修講師業がうまくいくかいかないかは，能力よりも運が大きく影響します。独立開業する時点で，成功できるかどうか，確かなことはわかりません。わからないことをあれこれ悩むよりも，まず一歩踏み出し，精一杯がんばる，ダメなら再就職しよう，と考えるわけです。

したがって，独立開業前に転職エージェントと会って，どの程度の条件で転職できるかを確認しましょう。1人だけだと判断が偏るので，できれば複数のエージェントに会いましょう。もし，現在の勤務先よりも良い給与条件で転職できるというなら，自信を持って独立開業します。現在よりもかなり条件が悪くなるというなら，残念ですが独立開業は諦めたほうが無難です。

独立開業の適正年齢はあるか

独立開業の意思決定について検討してきた本章の最後に，年齢に関する現実をお伝えしましょう。

年齢について質問をいただくのは，20代の若い層か，50歳以上の高齢層の独立開業希望者です。おそらく，あまり若くても，あまり高齢でも成功しにくのではないか，という懸念からの質問でしょう。この懸念はおおむね当たっており，研修講師業を始める適正年齢は30歳から50歳というところだと思います。

若年層・高齢層の強み・弱みは**図表7・8**のとおりです。

若年層の最大の強みは知識吸収力が高いことです。ビジネスの知識・スキルは日々進化していますし，企業は研修講師にますます高度な知識・スキルを要求するようになっています。こうした変化や要求に対応するには，知識吸収力がある若年層のほうが有利です。

図表7　若年層の強み・弱み

強み	弱み
・バイタリティがある，体力的に無理が利く ・知識の吸収が早く，ニーズの変化に対応できる ・失敗しても再就職などやり直しが利く	・経験が浅く，スキルが低い ・人的ネットワーク，とくに経営層が弱い ・中堅・高齢社員のニーズに対応できない

図表8　高齢層の強み・弱み

強み	弱み
・経験が豊富で，スキルが高い ・人的ネットワークが広い ・蓄えがあり，長期の低収入生活に耐えられる	・体力的に無理が利かない ・ニーズの変化に対応できない ・若手社員のニーズに対応できない

若年層の最大の弱みは，人生経験・企業勤務経験が足りないという点です。教育担当者・受講者は学校で年上の「先生（先に生まれた人）」から教えられてきたので，年下の講師から教えられるのを嫌がることがあります。

高齢層の強み・弱みは，基本的に若年層の強み・弱みの逆です。人生経験・企業勤務経験を踏まえた深い研修ができるのが強みですが，世の中の流れについていけないというのが弱みです。

ということで，30歳から50歳の層と比べて，30歳未満，50歳以上の成功確率はかなり低いと思われます。ただ，確率が低いというだけで，「絶対に無理」というほどではありません。

若年層では，新入社員研修やITスキル研修といった人生経験・企業勤務経験をあまり問わない研修からスタートし，実績を積み重ねて幅広い領域で活躍している講師がたくさんいます。

高齢層では，プライドを捨てて心機一転ゼロから学習し，学習を継続し，70歳を超えても大活躍しているという講師がたくさんいます。とくに高齢層は，プライドを捨てて学ぶ意欲があるかどうかという心掛けの問題なので，気持ち次第でいくらでも成功できるでしょう。

第3章

テーマ設定とプログラムづくり

研修テーマの設定

この章では，研修領域・研修テーマをどう設定するか，売り物となるプログラム・教材をどのように作るか，という研修講師ビジネスの中核的な部分について考えていきます。

研修はいろいろな切り口で分類することができますが，顧客目線では，よく「階層別」「コアスキル」「課題別」という分類をします。また，受講者の募集形態としては，「必須受講」「選択受講」「選抜」という分類をします。**図表9**は，この2つの切り口を組み合わせたある大手企業の研修体系なので，参考にしてください。

たまに「どんな研修にも対応します！」と宣言する研修講師がいます。しかし，人間には必ず得意・不得意があります。いろいろなタイプの研修を高いレベルで実施するというのは困難です。

そこそこのレベルなら，いろいろな研修に対応できるという研修講師はいます。ただ，顧客側からすると使い勝手がよい半面，「特徴がわかりにくい」「本当にちゃんと対応できるのか？」ということで，依頼するのを躊躇します。結果的に，あまり大成しません。

それよりも自分だけの固有の研修領域・研修テーマを確立しましょう。「ロジカルシンキングなら○○先生」「ビジネス法務なら△△先生」という名声を確立すると，研修ビジネスが成功しやすくなります。名声を確立したら将来的にはいろいろと領域を広げるのは大いに結構ですが，まずは固有の研修領域・研修テーマを設定しましょう。

第2章で少し触れたとおり，研修領域・研修テーマの設定には3つの

図表9　研修の体系

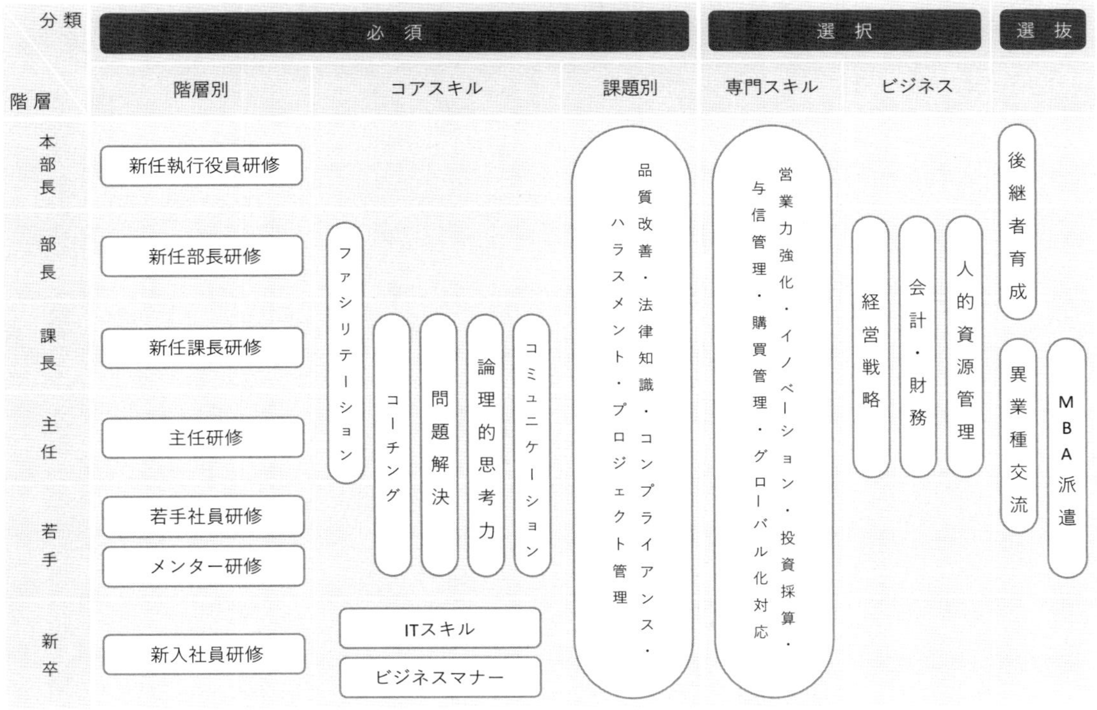

階層＼分類	必須：階層別	必須：コアスキル	必須：課題別	選択：専門スキル	選択：ビジネス	選抜
本部長	新任執行役員研修		品質改善・法律知識・コンプライアンス・ハラスメント・プロジェクト管理	営業力強化・イノベーション・投資採算・与信管理・購買管理・グローバル化対応		後継者育成
部長	新任部長研修	ファシリテーション			経営戦略 会計・財務 人的資源管理	
課長	新任課長研修	コーチング 問題解決 論理的思考力 コミュニケーション				異業種交流 MBA派遣
主任	主任研修					
若手	若手社員研修 メンター研修					
新卒	新入社員研修	ITスキル ビジネスマナー				

アプローチがあります。

① 強みを生かす
② 機会を捉える
③ やりたいことをやる

この順番で，研修領域・研修テーマの設定の方法と留意点を考えていきましょう。

強みを生かす

最初に，「強みを生かす」アプローチです。

「強みを生かす」は，研修講師に限らず，あらゆるビジネスの鉄則の1つです。したがって，企業勤務経験で培ったスキルや保有資格といった強みをベースに研修講師ビジネスを展開するのが，3つのアプローチの中でも基本になります。とくに自分の強みが市場ニーズと合致すると，人気講師になる確率は格段に高まります。

このアプローチのメリットは，専門性を発揮して顧客にアピールできること，専門家としてブランドを確立しやすいことです。顧客は社内の人材にはない専門性を研修講師に求めています。

デメリットは，自分の強みが市場のニーズと合致しないケースが多いことです。とくにニッチな業界での経験や特殊な業務で培ったスキルは，市場の中心的なニーズとは合致しません。

また，現在の強みは過去の会社勤務時代の経験や学習で培われたものなので，時代の変化とともに陳腐化し，市場ニーズと合わなくなっているということがあります。たとえば，IT業界では，1990年代から2000年頃までOS系の資格が重宝されましたが，クラウド化が進展するにつれて近年はネットワーク系の資格・スキルが重視されるようになっています。

スキル・経験の棚卸し

「強みを生かす」には，まず自分の強みを知る必要があります。ゼロベースで自分の強みを振り返ること，いわゆる棚卸しから始めましょう。

人の強みには「メンタルが強い」といった性格の強み，「率先垂範で行動できる」といった行動の強みなどがありますが，研修講師にとって何より大切なのは，ビジネススキルです。顧客は社内の問題を解決するために研修講師からビジネススキルを学ぶからです。

ビジネススキルは，基本は職業経験によって磨かれます。資格取得や社会人大学院といった学習によっても高まります。社会人になってから現在まで担当してきた業務や学習を洗い出して，どういうスキルを使ったのか，学んだのかを確認します。

よく「自分は営業しかやったことがなくて，人に自慢できる強みなんてありません」と謙遜する人がいます。しかし，営業を10年もやれば立派な営業のプロ。丸1日の営業研修は十分に担当できるでしょう。

ただし，「営業を10年やりました」というだけでは，具体性に欠けます。「営業研修」といった一般的な研修を担当するとしても，専門家として他の講師と差別化するには，具体的なスキルを確認する必要があります。

担当した業務を詳細に振り返ると，「市場分析の進め方」「顧客との関係づくり」「営業トークのポイント」「営業データ管理の方法」など，半日研修をできるネタはいくらでも見つかるはずです。

また，経験そのものが強みになることがあります。たとえば，部品メーカーの生産技術者として海外拠点を立ち上げた経験があるなら，ただ「5Sの研修ができます」という普通の講師と違って，専門家として差別化することができます。

他者と比較して強みといえるか？

ここで注意したいのは，スキル・経験が他者との比較で相対的に強いといえるかどうか確認することです。

よく「自分は営業のことは苦手だが，法律のことはそんなに苦にならない」として「法律が私の強みだ」と認識している場合があります。自分のスキルセットの中では，相対的に営業が弱み，法律が強み，というわけです。しかし，研修講師として大切なのは，あくまで同業者と比べた市場の中での評価です。

自分は強みだと思っても，他の専門家との比較では別に強みでも何でもない，ということがあります。逆に，自分は大したことないと思っていたスキル・経験でも，他人から高く評価されるということがあります。

私の場合，石油会社で会計・財務部門に所属していたので，「会計・財務のことなら任せておけ」と思っていました。しかし，研修講師の世界には会計士・税理士の資格を持っている専門家がたくさんいて，私の会計・財務のスキルは別に強みでもなんでもないと知りました。

逆に，意外と強みだとわかったのがケースライティングです。大学院時代に企業を調査してそれをビジネスケースにまとめる作業を経験しました。調べてまとめるだけのことなので，何ともないスキルだと思っていましたが，独立開業してみると，しっかりビジネスケースを書ける研修講師は意外と少なく，ケースを使って研修をしている講師の大半がハーバード・ビジネススクールや慶応ビジネススクールの所蔵ケースを買っていると知りました。

現在私は，原則として自分が書いたケースを使って研修をしています。また，顧客を調査してケースにまとめて，自社ケースを使った研修を展開することもあります。たとえば，部品メーカーの海外事業展開の状況を調査し，それをケースにまとめて，ケースを教材に，海外拠点の幹部社員にマネジメント研修を実施しました。

私は経験から自分で自分の強みを知ることができましたが，自分のことは意外とわかっていないものです。自分なりにスキル・経験を振り返るだけでなく，できれば自分のことをよく知る他者からの評価を聞くとよいでしょう。

また，「強みを生かす」アプローチには，自分の強みが時代の変遷とともに市場ニーズと合致しなくなってしまうというリスクがあります。強みをやや広く定義するとともに，変化に合わせて進化させていく必要があります。

外部の機会を捉える

2つ目は，「機会を捉える」アプローチです。

研修には，新入社員研修など階層別研修のように，時代・業種によって変わらない研修があります。一方，ビジネスにはトレンド（trend：流行）があるので，トレンドに合わせて変わっていく研修ニーズもあります。

たとえば，80年代にはものづくりが進化するとTQC研修が流行りました。90年代にはグローバル化を受けて異文化コミュニケーション研修が，IT化によってITスキル研修が流行りました。2000年代からは個の自立や人間関係への関心が高まり，ロジカルシンキングやコーチングといったビジネススキル系の研修が流行っています。最近では，マインドフルネスのような人間心理・世界観を確立するための研修を取り入れる企業が増えています（たとえばグーグル）。

外部の機会を捉えるメリットは，大きな需要が見込めることです。たとえば，2000年代に建築会社の耐震偽装，食品会社の消費期限偽装，自動車会社のリコール隠しといったコンプライアンス違反が相次いで発覚し，コンプライアンス研修が流行しました。各社が競ってコンプライアンス研修をするので，研修講師が足りないという状況になりました。

また，新しい分野には研修講師が少なく，ましてやいわゆる「大御所」がおらず，市場における講師の評価が確立されていません。そのため大して専門性，大した経験がなくても，容易に受注できます。

デメリットは，トレンドはやがて終わってしまうことです。ロジカルシンキングやコーチングのようにトレンドから始まって定番化した研修テーマもありますが，大半のテーマは数年で下火になってしまいます。

また，トレンドになっている注目の分野には，他分野から研修講師が続々と参入します。スタートダッシュは容易でも，やがて競争が激化し，受注するのが難しくなります。

機会を捉えて長続きするには

「機会を捉える」アプローチで成功するには，どうすればよいのでしょうか。

まず，あるトレンドに飛びついて，トレンドが終わったら，見切りをつけて別のトレンドに乗り換える，というやり方が考えられます。柔軟な対応力，悪い言い方をすると「変わり身の早さ」が必要になります。

もちろん，変化を的確に捉えて次の領域で講師を担当できるだけの専門能力をスピーディーに身につけるというのは，容易なことではありません。決断の早さや学習スピードに絶対の自信があるという人以外には，あまりお勧めできません。

そこで現実的なのは，長く事業をできる息の長いテーマを選ぶことです。今がピークのテーマではなく，将来大きく伸びそうなテーマを選ぶ

図表10　PEST分析

	今後の変化	研修テーマ
Politics	・FTA	マーケティング，市場分析
	・派遣労働法改正	ものづくり基礎，5S
Economy	・グローバル化	異文化コミュニケーション
	・M&A	企業価値評価
Society	・人手不足	業務改善，省力化
	・高齢化	キャリア設計
Technology	・モジュール化	業務改善，マニュアル化
	・AI化，IoT	研究開発マネジメント

とよいでしょう。

そのためには，マクロ的な環境変化を**PEST分析**します。PESTとは，Politics（政治・法規制）・Economy（経済）・Society（社会・人口動態）・Technology（技術）の略です。

たとえば，製造業出身者の場合，**図表10**のようなPEST分析をして，研修テーマを模索します。

ただし，今後伸びる大きなトレンドを的確に捉えたとしても，安心できません。ブームが始まった初期の頃は，ブームの渦中にいるだけで自然と引き合いが舞い込んできます。しかし，ブームに注目して続々と他の講師が参入してくるので，競争が激化し，なかなか受注できなくなります。

そこで，長く受注し続けるために大切なのが，ブランディングです。「女性活躍の研修なら○○」というブランドが確立されると，競争が激化しても生き残ることができます。自身の活動をホームページやSNSで披露する，ノウハウを論文や書籍にまとめて公表する，マスメディアに露出する，などでブランディングを実現できます。

やりたいことをやる

3つ目は，「やりたいことをやる」アプローチです。自分の関心ある事柄を研修領域にするやり方，「趣味を仕事にする」わけです。

たとえば，パソコンのことが好きだから若手ビジネスパーソンがITの基本スキルを学ぶ研修をする，ものづくりが好きだから国内外の製造業で品質改善の研修をする，という具合です。

このアプローチの最大のメリットは，ストレスがなく，楽しんで仕事に取り組めることです。第7章で紹介するとおり，研修講師を始めるのは簡単ですが，5年，10年と続けるのはなかなか難しいのが実態です。ここで，研修テーマのことが好きでストレスがない状態だと，準備・実施・学習など苦もなく続けることができます。

また「好きこそものの上手なれ」といわれるように，関心あることなら，情熱を持って取り組むことができます。情熱を持って取り組むことによって，スキルが上がり，専門家として名声を高めることができます。

アップルの創業者スティーブ・ジョブズは，「すばらしい仕事をするためには，自分のやっていることを好きにならなくてはいけない。まだそれを見つけていないのなら，探すのをやめてはいけない」という言葉を残しています。講師としてすばらしい仕事をするには，研修テーマを好きであることが大切です。

ただ，すばらしい仕事をすることと，ビジネスとして成功することは，別問題です。このアプローチのデメリットは，顧客開拓が難しいことです。

好きなことが市場のトレンドに合致していれば，楽しく仕事して商売繁盛で万々歳です。しかし，私の知る限り，そういう幸福な研修講師はめったにいません（ある仕事をしているうちにその仕事が好きになるというケースはよくあります)。「このテーマが好きだから」という理由で始める研修講師は，なかなか登壇機会に恵まれず，精神的な満足と金銭的な満足のトレードオフに悩んでいます。

精神的な満足と金銭的な満足を両立させるには

「やりたいことをやる」アプローチの研修講師は，たいてい低収入で「好きなことやって何とか生活できているから，よしとするか」と自分に言い聞かせています。好きなことをやって，しかもたくさんの受注を確保し，精神的な満足と金銭的な満足を両立させることはできないものでしょうか。

ポイントは「やりたいこと」の範囲を広げることです。

たとえば，ファッションが好きというなら，人が美しくなること全般に関心があるでしょうから，美容業界に範囲を広げることは可能でしょう。

ロックが好きだというなら，音楽，さらにはエンターテインメント全般に関心を広げて，エンターテインメント・ビジネスにターゲットを拡張します。

範囲を広げるには柔軟な思考が必要です。ロックが好きな人は，ロック以外の音楽を音楽と認めないという人が多いでしょうが，違いよりは共通点に着目し，周辺領域を好きになるように努力しましょう。

もちろん，範囲を広げる際，先ほどのPESTのトレンドに合ったものだと，成功確率がぐんと高まります。

どのアプローチが有効か

ここまで「強みを生かす」「機会を捉える」「やりたいことをやる」という3つのアプローチについて見てきました。3つのどれが成功確率が高いでしょうか。

答えは，「成功」をどう捉えるかによります。

単純に受注の確率を上げ，商業的に成功したいなら，「機会を捉える」アプローチが得策です。ビジネスにはトレンドがあり，トレンドに合ったテーマに取り組むと，売上高が最大化します。ただ，トレンドは時とともに移り変わるので，成功はなかなか長続きしません。

「強みを生かす」アプローチは，他の研修講師と比べて専門性で優位に立っているので，商業的に大失敗するということはありません。一方，強みとビジネスのトレンドはたいてい合致しないので，大成功もしにくいのが実態です。ズッコケもせず，大きく成功もせず，というところです。ただ，強みは短い期間で劣化することはないので，小さな成功が持続しやすいといえます。

「やりたいことをやる」アプローチは，好きなことが強みになるかどうかはわかりませんし，市場ニーズと合致するとは限らないので，商業的な成功確率は3つで最も低いでしょう。ただし，心理的な満足度という点では，最も成功しやすいといえます。

こうして確認すると，3つのアプローチとも，アプローチを選んでおしまいでなく，常に進化し続ける必要があります。

やはり理想は3つのアプローチが重なる領域で研修をすることです(p.31)。そのためには，最初にどのアプローチで講師を始めるにせよ，①やっている仕事を強みにまで高める，②トレンドを捉えて領域を拡張する，③やっている仕事を好きになる，ということを心掛け，最終的に3つが重なる領域を目指すべきでしょう。

研修プログラムの3つのレベル

研修領域，研修テーマが決まったら，**研修プログラム**に落とし込みます。

一口にプログラムといっても，精度の違いによって3種類くらいあります。

図表11　項目レベルのプログラム

研修名	実践ロジカルシンキング
日時	2020年7月3日（金）9：30～17：30
受講対象・募集	グループ全社員，選択応募，20名定員
ねらい	論理的思考の基本とコミュニケーションへの応用を学びます。
学習内容	1. はじめに―ビジネスとロジック 2. 主張と論拠の関係 3. 因果関係の究明 4. コミュニケーションへの応用 5. おわりに―職場で実践しよう

①　**項目レベル（図表11）**

大雑把な項目レベルで，何をどういう順番で教えるかを整理。半ページ以下。

②　**学習内容レベル（図表12）**

各項目の中で，どういう知識・スキルをどういう研修技法で教えるかを整理。1～2ページ。

③　**レッスンプラン（図表13）**

各項目で扱う知識・スキル，研修技法，説明内容，時間などを具体的に整理。数ページ。

使い方は，①は受講者を募集する際やホームページや雑誌などで世間に広く知らせる場合で，②は教育担当者向けです。③はあくまで講師が研修を実施するためのものです。

独立開業する前は，①かせいぜい②のレベルで自分の研修テーマの基

図表12　学習内容レベルのプログラム（図表11の学習内容2の部分）

時間	学習内容	キーワード
・ ・ ・	・ ・ ・	・ ・ ・
10：00 12：00	2.主張と論拠の関係 （1）論理的とはどういう状態?<講義> （2）ロジカルであるための3つの条件<講義＋個人演習> （3）演繹法<講義＋個人演習> （4）帰納法<講義＋個人演習> （5）論理展開の落とし穴<講義＋グループ演習> （6）演繹法と帰納法の関係<講義＋グループ演習>	 KKD 論理展開 演繹法，小前提 帰納法 標本，代表性 反証可能性，科学的
昼食休憩	・ ・ ・	・ ・ ・

図表13　レッスンプラン（図表12の学習内容2（3）の部分）

時間	内容・進め方	教材	注
10：40	・ ・ ・	・ ・ ・	・ ・ ・
10：40 11：15	（3）演繹法 ・演繹法とは（解説6分） ・演繹法の特徴（解説5分） ・演習③（18分：導入3分，個人検討8分， 発表3分，コメント4分） ・ビジネスと演繹法（解説4分） ★時間があったら，受講者の主張が通じなかった 経験を尋ねる	 レジュメP8 レジュメP8 レジュメP9 レジュメP10	 N社の事例を紹介 1～2人指名 質問を取る
11：15	・ ・ ・		・ ・ ・

本プログラムを作成するとよいでしょう。独立開業前に作ったプログラムをそのまま実施することはないので，あくまでも自分の頭を整理するために作ります。

実際に見込み顧客に提案する段階では，②を作ります。そして，受注し研修を実施する前には，③レッスンプランを作り，それに則って研修を進めます。

なお，顧客の教育担当者が必ず②のレベルのものを求めてくるとは限りません。信頼関係が確立されていたら，①で十分で「あとはお任せします」ということもあります。逆に，「この場面ではどういう演習をやるんですか？」と，③に近い詳細なものを求められる場合もあります。

教材を作る

プログラムを踏まえて教材を作ります。

教材としては，基本となるのがテキスト，補助教材として，ケース・演習ソフト・ゲーム・ビデオなどがあります。

よく独立開業前の準備として精緻なテキストを何種類も作る人がいますが，時間の無駄です。実際に受注した後，顧客の要望に応じてテキストを作り込むので，大まかなテーマごとに基本テキストを作っておくことで十分です。大まかなテーマというのは，たとえば「ロジカルシンキング」という基本テキストを作っておいて，その応用領域である「コミュニケーション」「問題解決」については，後日作成するという進め方です。

書式は，PowerPointを使う講師が増えています。以前はWordのテキストが主流でしたが，PowerPointのほうが項目ごとの追加・削除をしやすいですし，研修当日，そのままスクリーンに投影して使いやすいからです。

PowerPointで作る場合，情報量があまり少なくならないように注意しましょう。同じPowerPointでも，一般的なプレゼンテーションでは情報量を減らして簡潔なスライドにするべきだといわれます。しかし，研修のテキストは，学校での教科書と同じく，後で読み返してテキストだけで理解してもらえるよう，情報量を増やすべきです。

また，研修が単調にならないように，ケース，ゲーム，ビデオなども取り入れるとよいでしょう。

後々まで見てもらえるテキスト

ここで，研修テキストに関する悲しい現実。

研修を受注した講師は，研修当日に向けてテキストを作ります。教育担当者からの要望を受けて基本テキストをカスタマイズし，加筆修正し，時には徹夜して納期に間に合わせて仕上げます。そして研修で，真面目な受講者は，テキストの重要事項にマーカーを引いて，書き込みをします。

ところが，受講者が後々テキストを振り返って自分の業務に役立てているかというと，まずそういうことはありません。テキストがデスクの中に保存されればよいほうで，数か月も経つと廃棄処分されてしまいます。私もサラリーマン時代にはいくつか研修を受けましたが，現在手元に残っているテキストは皆無です。

どうすればよいのでしょうか。1つの解決策として，簡単に廃棄処分されないように，豪華な装丁のテキストを作る教育団体もあるようです。たしかに豪華な装丁にすれば，人間の心理として廃棄処分することを躊躇します。ただ，デスクや書棚に飾られるだけで，受講者が顧みないという現実には変わりありません。

できれば，研修テーマについて自分で著書を出版し，それを研修テキストとして活用したいところです。本なら受講者は簡単に廃棄処分しませんし，引っ越しや部屋替えなどの際，パラっと目を通したりします。

研修講師としてのブランディングや顧客開拓のためにも，研修テーマに関する著書を出版してください（p.92～97）。

第4章

顧客開拓とブランディングの進め方

顧客開拓が最大の課題

独立開業した研修講師にとって最大の課題は何でしょうか。

誰にもまねできない優れたプログラムを作ることでしょうか。

たくさんの受講者を前に臆せず堂々と話すことでしょうか。

受講者の心をつかむ必殺技を身につけることでしょうか。

課題は人それぞれですが，（すでに有名講師という方を除く）すべての研修講師が頭を悩ますのが受注，そのための顧客開拓です。

すごいプログラムを持っていても，教え方がうまくても，受講者の心をつかむ必殺技を持っていても，それを買っていただく顧客がいないと，ビジネスになりません。

どんなビジネスでも軌道に乗るまでの顧客開拓は難しいものですが，とりわけ研修という目に見えないサービスを売るのは，困難を極めます。研修講師は人気商売なので，実績を積み，名声が広まると，次から次へと依頼が舞い込んできます。しかし，今は売れっ子の人気講師でも，最初に実績を積むところまでは，かなり苦労しています。ニワトリが先か卵が先かという関係です。

研修講師の顧客開拓は，他のビジネスとはかなり異なります。企業に飛び込み営業をして「御社は営業担当者のスキルが落ちているようなので，営業研修をやりませんか」と提案しても，まず成果はありません。

研修講師の顧客開拓は，基本は受け身です。顧客企業の教育担当者が研修の開催を考え，テーマに合った研修講師を探すというのが一般的です。

教育担当者が講師を起用するパターン

そこで，具体的な顧客開拓の進め方について考える前に，まず直接の窓口となる企業の教育担当者がどのように研修講師に依頼をするのかを確認しましょう。

教育担当者が新たに研修講師を起用するのは，次の4つのパターンです。

パターン1・起用の指示
経営幹部や他部門から「この講師で研修を実施することが決まったから調整と実施をよろしく」と指示・依頼される。

パターン2・探索の依頼
経営幹部や他部門から「経営人材の育成プログラムを作るように」「駐在員の英語・中国語の語学力を強化してほしい」といった要望・依頼を受けて，新たな研修を実施する。

パターン3・現講師の交代
現在実施している研修について「担当講師の受講者の評判が悪い」「内容がマンネリ化している」といった理由から新しい講師に変更する。

パターン4・新研修の企画
教育担当者が「マインドフルネスについて研修をやろ

う」などと新しい研修を企画し，研修講師を探す。

パターン1から順に，教育担当者が研修講師を選ぶ裁量が大きくなります。

企業にもよりますが，パターン1・2・3が大半です。たいていの教育担当者はパターン1・2・3に対応するのに忙しく，パターン4はそれほど多くありません。

教育担当者は講師選びで「失敗したくない」

パターン1は教育担当者に裁量の余地はないので，パターン2・3・4について考えてみましょう。

パターン2・3で研修講師を探す教育担当者の心理は，「失敗できない」「失敗したくない」です。

パターン2で教育担当者は，経営幹部や他部門から教育のプロとして良い研修の企画・実施を期待されています。その重要な部分として，当然，適切な研修講師を選定してくれるだろう，という期待があります。ここで教育担当者は講師選びを誤って，期待を裏切るわけにはいきません。

また，パターン3は，現在の講師でうまくいっていない状態です。ここで講師選びを誤って，講師を変更したらさらに悪い状態になってしまった，ではシャレになりません。

つまり，教育担当者は「すばらしい講師を選びたい」というよりは，

「変な講師を選んで失敗したくない」と防衛的に考えるのです。

一方，パターン4では，教育担当者に裁量があるので，かなり冒険ができます。「○○さんは，講師の経験は浅いみたいだけど，なかなか面白そうだから，ちょっとお願いしてみようかな」という感じです。

ただパターン4のケースは絶対数が少ないので，全体的には教育担当者は講師選びで「失敗したくない」と考えているのです。

教育団体は教育担当者にとって頼りになる存在

教育担当者が新たな研修講師を起用しようというとき，とくに，パターン2・3では，まず教育団体や営業エージェントに相談します。

ある程度の規模の企業には，教育団体や営業エージェントの担当者が出入りしています。教育団体には，社員講師や委託契約の講師が所属・契約しています。営業エージェントは，多数の独立講師と人的ネットワークを築いています。

そのため，教育団体や営業エージェントの担当者に，「現在お願いしている講師は高齢で活気が乏しいので，若くてエネルギッシュな講師に変更したい」といった講師ニーズ，「新任の管理職向けに演習主体のコンプライアンス研修をやりたい」といった研修ニーズを伝えれば，即座に講師を紹介してもらえます。

とくに大手の教育団体では，厳しい選考を経て講師と契約していること，講師向けの育成プログラムが充実していることから，研修講師の質が高いレベルで一定以上に保たれています。また，内部に開発部隊があって，プログラム・教材・教え方などを標準化しています。そのため，起用した講師がまったく期待はずれだったというリスクは小さいといえます。

ということで，とくにパターン2・3で「失敗したくない」と考える教育担当者にとって，教育団体や営業エージェントは非常に頼りになる存在です。

教育団体には限界もある

ただし，教育団体や営業エージェントにはいくつか問題点や限界があります。

まず，ニッチなニーズ，特殊なニーズには，必ずしも対応してもらえません。教育団体や営業エージェントは，「新人研修」「昇格者研修」「コミュニケーション研修」といったボリュームゾーンの受注に対応できるよう多数の講師を揃えていますが，「外国人労働者向けの異文化コミュニケーション研修」といったニッチ・特殊なニーズになると，人材が手薄で，良い講師を紹介してもらえないということが起こります。

また，教育団体は，柔軟な対応ができないという限界があります。教育団体は，ビジネスのスケールメリットを実現するために，顧客側の細かい要望や特例的な要望には応えず，決まったプログラム・教材・教え方で研修を実施しようとします。

さらに，研修費用が高いという問題もあります。教育団体や営業エージェントは営業担当者・運営スタッフ・管理スタッフを抱えて活動しているので，どうしても研修費用が高くなります。教育団体だと，6時間の研修で40万円以上になることがめずらしくありません。

教育担当者が自分で研修講師を探す

そこで，教育担当者は，ニッチな分野，新規性の高い分野の研修，あるいは重要な案件については，自分で研修講師を探すということをよくします。

研修担当者が自分で探す場合，以下のような方法で講師の情報を収集します。

① 関係者・業界団体への問い合わせ
② インターネット
③ 書籍
④ 業界誌・専門誌
⑤ 学会論文
⑥ 講演・セミナー

情報収集したら，めぼしい候補者を絞り込み，コンタクトし，面談して起用を決定します。面談のやり方はいろいろですが，コンペに近い形で実施することもあります。

私は，2013年から大手鉄鋼メーカーの経営人材育成研修の講師を担当しています。この研修を企画した教育担当者は，グループ内のリサーチ会社も使って数百人の研修講師を調査し，担当講師を選んだそうです。コンペもありました。

ちなみに，私は課長層のコースを担当していますが，部長層のコースは都内私立大学ビジネススクールの教授が担当しています。その大学教授についても，教育担当者が探索し，直接アプローチして依頼したそうです。

研修講師というと，教育団体や営業エージェントの独壇場だと思いがちですが，私の例のように，教育団体や営業エージェントを通さずに探索する場合があります。

ビジネスの複雑化でニッチなニーズが増えていること，インターネットの普及で情報収集が容易になったこと，教育費用を抑えたいこと，などの理由から，今後も教育担当者が自ら講師を探す動きが広がっていくのではないでしょうか。

自力の顧客開拓はネットワークから

こうした教育担当者の考え方・行動特性を踏まえて，研修講師がどのように顧客開拓を進めるかを考えていきましょう。

まず，p.34の3つの活動スタイルのうち，自力で顧客開拓するスタイル1から。

研修講師ビジネスが軌道に乗った後は，現在の顧客からのリピート受注が増えますし，評判を聞きつけた企業や他の研修講師からの直接の依頼があったりします。ただ，そういう状態になる前段階では，自ら営業活動をする必要があります。

独立開業直後の顧客開拓に有効なのは，自身のネットワークへの働きかけです。p.45で棚卸したリストの関係者などに「職場のコミュニケーションの研修を行っています。研修のご用命がありましたら，ご相談ください」といった連絡をします。独立開業したときはもちろんですが，研修講師の事業領域・研修テーマは変わっていくので，折に触れて紹介するとよいでしょう。

ただ，案内をやみくもに関係者に繰り返し送っても，あまり効果はありません。よくSNSで手当たり次第に案内を送りつける講師がいますが(研修講師よりはセミナー講師に目立ちます)，効率が悪いというだけでなく，「しつこいな」「そんなに生活に困っているの？」と相手に悪印象を与えてしまいます。

全員にばら撒くのではなく，ある程度研修テーマに合ったターゲットを絞って，しかも「ここぞ」というときに案内したいところです。「ここぞ」というのは，新しい研修をやったとき，論文や著書を発表したとき，セミナーなどイベントを開催するとき，などです。

コンサルティング営業の推進

研修講師の顧客開拓はプル戦略，つまり認知度を高めて顧客からの指名買いを誘うのが基本です。ただし，ネットワークからの受注については，自ら売り込むプッシュ戦略，とりわけコンサルティング営業を取り入れたいところです。

コンサルティング営業とは，顧客の問題を顧客と一緒になって定義するところから始める営業です。

コンサルティング営業は，以下のようなプロセスで進めます。

① 見込み客との関係を作る
② 見込み客の経営状態を確認する
③ 経営課題を定義する
④ 課題解決のためのソリューション（研修）を提案する

下はあるコミュニケーション研修の講師の例です。

・研修講師の増田さんが知人の紹介でドラッグストアチェーンの川崎社長と知り合いになりました（①）。
・そのドラッグストアチェーンは，業績は好調ですが，事業の拡張に人材や管理が追いついておらず，若手社員の離職やメンタルヘルス不調者が増えています（②）。
・増田さんは川崎社長と話し合って，採用戦略の見直し，オペレーションの効率化，職場風土の改革，といった課題を整理しました（③）。
・このうち，職場風土の改革について，増田さんはコミュニケーション研修の開催を提案し（④），実施の運びになりました。

質の高いネットワークを作る

コンサルティング営業で難しいのは，見込み客との関係づくりです。

社交的で人脈が豊富という人でも，SNSの友人や飲み友達が多いというだけで，腹を割って②③を話し合えるような関係の人脈は，そんなに多くないのではないでしょうか。研修に結びつけるには，ネットワークの量とともに質も大切です。

では，経営の問題や自社の人材のことを腹を割って話し合える質の高いネットワークを作るには，どうすればよいのでしょうか。

経営者や人事部門責任者は，日ごろ，研修講師だけでなくいろいろな業種の業者から売り込みを受けています。研修講師が売り込みを目的に接近してきたと感じると，彼らは引いてしまいます。

そこで，まず研修を売り込もうとせず，相手にメリットを与えることを考え，実践するとよいでしょう。相手にメリットを与えるとは，たとえば，次のようなことです。

・情報を提供する
・ネットワークを紹介する
・相談に乗る

このうち情報提供は，先ほどの研修講師のサービス案内やメルマガの配信などとは異なり，その見込み客だけのための情報です。たとえば，ドラッグストアチェーンなら「ライバルのK社はこういう人材育成をしているようです」といった情報です。

教育団体では営業担当者が講師を選ぶ

次に，教育団体と講師契約した場合の教育団体の担当者向けのプロモーションについて確認しましょう。

企業研修の世界では教育団体の影響力が大きいので，とくに大手教育団体と契約すれば一安心，次から次へと研修の依頼が舞い込んでくると考える人がいます。しかし，これは誤解です。

教育団体には多数の講師が登録しており，研修の依頼を受けるには，他の講師との競争を勝ち抜く必要があります。

教育団体には専門の営業担当者がいて，大手企業を中心に営業活動をしています。そして企業から案件の引き合いがあったら，営業担当者が担当講師を選定して，企業に企画を提案します。もちろん上司や大型案件なら経営陣の承認を得ますが，基本は営業担当者が講師の選定をします。

営業担当者も人によりけりですが，サラリーマンなので，新しい講師を起用して大失敗するのを避けようとします。そのため，よく知らない新人講師よりも実績があり，付き合いの長いベテラン講師に依頼しようとします。

また，大手教育団体には社員講師が勤務しています。外部の契約講師を起用すれば追加の講師料の支払いが発生しますが，社員講師なら追加の支払いはあまり発生しません（正確には稼働時間数に応じたインセンティブが支払われますが)。そのため教育団体は，経営方針としてまず社員講師の稼働を優先し，時間的・テーマ的に社員講師が対応できない案件を契約講師に回すのです。

以上から，教育団体と講師契約をしても，すぐには依頼は来ません。依頼が来るようになるまで，半年・1年という中長期戦を覚悟する必要があります。

私も2002年に産業能率大学と講師契約をして初めて研修の依頼があったのは，5か月後くらいだったと記憶しています。

教育団体へのプロモーション

では，どうすれば契約した教育団体からの依頼を増やせるでしょうか。以下，4つのことに取り組みます。

①　標準プログラムのライセンス取得

大手教育団体は，階層別研修など定番の研修については，専門の開発部隊がプログラム・教材を開発しています。そして，開発した標準プログラムについて講師向けの学習会・説明会を開催し，参加者に実技テストなどを実施し，合格者にライセンスを付与します。ライセンスを取得した講師は，教育団体がそのプログラムで案件を受注したら，優先的に依頼を受けることができます。

契約した講師には，教育団体からライセンスの紹介があります。興味のあるプログラムのライセンスを取得するとよいでしょう。

②　お試し案件をしっかりやり切る

“お試し案件”というのは私の造語です。教育団体は，基本は失敗を避けるために実績のあるベテラン講師を起用します。ただ，顧客企業からの新しい依頼に応え，他団体との競争に勝つため，新しい講師を発掘し，起用したいと考えています。そこで，契約した講師を実地で育成するため，あるいは力量を見極めるために，難易度の低い案件を担当させたり，ベテラン講師とペアで担当させたりします。これが“お試し案件”です。

“お試し案件”をしっかりやり切って，教育団体から「この講師はなかなかいいぞ」という評価を得ると，その後，依頼が次々とやってきます。逆に失敗すると，依頼はとんと来なくなり，やがて契約打ち切りになります。

③　関心領域・著作・新規プログラムを伝える

教育団体は，契約講師が何に関心があり，どういう研修ができるのか，知りたがっています。自分が関心を持っていることや学習していることを教育団体に伝えましょう。「最近，働き方改革に興味を持ち，○○大学の研究会で勉強しています」という具合です。また，論文を書いたり，書籍を出版したら，送付して読んでもらいます。

情報提供するだけでなく，「働き方改革をテーマに，残業削減の方法を半日で学ぶ研修を考えました」などと研修プログラムにして提案すると，なお良しです。

④　勉強会などイベントで関係づくり

教育団体は，講師の能力アップのために勉強会を開催します。また，コミュニケーションを深めるために交流会を開催します。こうしたイベントに参加して教育団体の営業担当者などに人となりを覚えてもらうと，依頼が来やすくなります。

営業エージェントへのプロモーション

最後に，営業エージェントへのプロモーションについて確認しましょう。

営業エージェントは，研修を売るという点では教育団体と同じです。ただ，違いもあります。教育団体と違って標準プログラムは持っていませんし，講師養成もせず，ほぼ営業に特化しています。

したがって講師としては，先ほどの教育団体へのプロモーションのうち，①②は無関係で，④もほぼ必要ないので，③をしっかりやればよいということになります。

繰り返しになりますが，関心のあること，学習していることをこまめに伝えましょう。新しい研修やセミナー・講演を担当したら「こんなテーマで研修しました」と伝えます。書籍を出版したら送付（献本）しましょう。

もう1つ心がけたいのが，ネットワーク（人脈）の紹介です。ここでいうネットワークとは，顧客と他の研修講師です。

ほぼすべての営業エージェントが悩んでいるのが，顧客開拓・受注確保です。営業エージェントは，知名度やブランド力で大手教育団体に劣るので，なかなか良い案件を受注できません。そこで，研修の実施を検討している関係者がいて，講師が自分で対応できない場合，営業エージェントにその関係者を紹介してあげます。

また，営業エージェントに他の研修講師を紹介する場合もあります。営業エージェントが企業から引き合いを受けて，適切な講師が見当たらない場合，講師同士の横のつながりを期待して，登録している講師に適切な講師がいないかよく問い合わせます。

顧客や他の研修講師の紹介は，平たくいうと「貸しを作る」ということです。義理と人情の世界ですが，貸しを作っておくと，何か案件があったときに優先的に依頼をしてもらえます。

セルフブランディングが顧客開拓のカギ

3つの活動スタイルに共通して研修講師が顧客開拓を進めるうえでカギを握るのが，セルフブランディングです。**セルフブランディング**とは個人が自分の存在をブランド化することです。

研修を依頼する側からすると，数多の研修講師がひしめくなか，他との違いがわからない研修講師には，なかなか声をかけにくいでしょう。自分で顧客開拓する場合はもちろん，教育団体や営業エージェントを通して活動する場合でも，しっかりセルフブランディングができているかどうかが，顧客開拓のカギを握ります。売れっ子といわれる講師は，研修の内容・教え方が優れていることは当然として，適切なセルフブランディングを実践しています。

一般には，セルフブランディングを「SNSを使った自己アピール」と捉えることが多いようですが，最終的に企業の教育担当者にアピールする必要がある研修講師は，かなり違ったセルフブランディングが必要です。

まず，アピールするべきことは，専門性と信頼性です。

- 専門性「私はこういう領域・テーマの研修を担当できます！」
- 信頼性「私はお客様が期待する成果を実現することができます！」

信頼性は，実際に研修講師を担当した後でないとなかなか実感してもらえません。顧客開拓の段階で広く潜在顧客に知ってもらいたいのは，専門性です。

研修講師のブランディング，とくに専門性のアピールは以下の3つで行います。

① ホームページ
② ビジネス書，学会論文
③ 資格

この3つについて，順に確認します。

ホームページは必須

研修講師のセルフブランディングの柱になるのが，ホームページです。ホームページを作って効果的にアピールしましょう。

ホームページの必要性・有効性については，「さほど必要ない」という意見もあるようです。実際にホームページを作っている研修講師は少数派です。しっかりしたホームページを作り，しかも毎週とか頻繁に更新している研修講師は，数えるほどです。FacebookなどSNSで無料で手軽に情報発信できるんだから，わざわざ金をかけて誰も見ないホームページを作る必要性はない，ということでしょう。

しかし，私は違った意見を持っています。セミナー講師やカウンセラーといった個人相手の商売ならともかく，企業を相手にする研修講師にとって，ホームページは必須と言ってよいと思います（p.162のとおり，宮本実果氏も同意見です）。

理由は2つ。まず，企業の教育担当者はホームページで研修講師を探すからです。SNS全盛の時代ですが，SNSはあくまで個人のプライベートのためのコミュニケーションツールに過ぎません。教育担当者が会社の業務で研修講師を探す場合，10年後はともかく，現在スマホからSNSで探すということをせず，主にPCから研修講師のホームページを検索します。ホームページを持たない研修講師は，教育担当者のサーチ（検索）に入ってこないわけです。

もう1つ，教育担当者は社内で説明をする必要があるからです。一般に研修の実施は，教育担当者が独断で決められるわけではありません。どういう講師に研修を依頼するべきか，上司・部門長に説明し，承認を受ける必要があります。重要な研修については経営陣に説明することもあります。上司や経営陣に説明をするとき，ホームページがないと専門家としての信用がありません。

もちろん，ホームページを作れば見込み客からの引き合いが殺到するというほど，甘い世界ではありません。ホームページは顧客開拓の必要条件であって十分条件ではありません。ただ，ホームページを作らないと，顧客のサーチの対象に入らず，自分の知人・友人など限られたネットワークの中での顧客開拓に終始してしまいます。

ホームページを作り，更新しよう

独立開業したら，できるだけ早くホームページを作りましょう。そして，せっかく作るなら，素人が自分で作るのではなく，プロのWebデザイナーに頼んで，きちんとしたものを作ってもらうのが得策です。

私は，2002年に独立開業し，直後にホームページを作成しました。ヤフーの無料サービスで自分で作成しましたが，評判が悪かったので，数年後，Webデザイナーに依頼してきちんとしたものを作ってもらいました。私の事業が軌道に乗ったせいもありますが，ホームページを変更してから問い合わせが断然増えました。

ホームページには，以下のようなページを作り，掲載します。

① 最新情報（イベント・出版などのお知らせ）
② 自己紹介・あいさつ
③ 事業内容（研修テーマ）
④ 問い合わせ先

⑤　活動状況・実績
⑥　エッセー・小論文
⑦　著述実績

基本事項の①②③④を掲載し，その後はほとんど更新しない講師が目立ちますが，残念なことです。最低でも月一度は更新しましょう。更新すると，受け手が頻繁にホームページを訪問してくれるので，自分の活動や存在そのものを覚えてもらえます。

とくに潜在顧客にアピールするには，①⑤⑥⑦を随時更新しましょう。

まず⑤活動状況を可能な範囲で掲載・更新します。できるだけ詳しい内容を掲載したいところですが，研修の実施を公にしたくないという顧客も多いので，社名を出す場合には必ず事前に了承を得るようにしましょう。

また，専門家としての能力をアピールするカギになるのが⑥エッセー・小論文と⑦著述実績です。⑥エッセー・小論文は非公式な文章で，サイト上で読めるようにします。著述実績とは，ビジネス書や雑誌掲載論文など，リンクを貼っておきます。

私は，独立直後から「経営の視点」と題する1,400～1,600字程度のエッセーを17年間毎週欠かさず掲載しています。エッセーを見て研修依頼が来るということはあまりありませんが，「週刊新潮」や「東洋経済オンライン」などのメディアからの取材，執筆，セミナーの依頼があり，そこから結果的に研修（やコンサルティング）の依頼につながっています。

ビジネス書の効果は大きい

専門性のアピールという点で，やはり一番の武器になるのは専門分野での⑦著述実績です。著述物としては，雑誌記事，学界論文，ビジネス書などがあります。

① 雑誌記事

専門分野や業界ごとに雑誌が刊行されています。こうした雑誌に記事や小論文を掲載すると，その分野の専門家としてアピールすることができます。また，企業の教育担当者の多くが『企業と人材』など教育雑誌を購読しています。教育雑誌への記事掲載は，研修講師としての存在・活動をアピールできます。

② 学会論文

学会に入会し，学術論文を学会誌に投稿して掲載されると，学術的な業績として認められます。学会論文は，研究開発以外のビジネスではあまり価値はありませんが，ニッチな分野については学会論文を見て研修の依頼が来ることがあります。

③ ビジネス書

専門分野に関連したビジネス書を出版すると，専門家として認めてもらえます。

この3つのうち，研修講師がとくに注目したいのが③ビジネス書です。

世の中では，読書離れが進み，出版不況が年々深刻になっています。また，執筆に多大な時間・労力を要するわりには印税収入は微々たるもので，ビジネスとしての出版は非常に非効率です。200ページの本を書くには1ページ1時間として200時間かかります。処女作の印税率は0～5％なので（実績を積むと最大10％），定価2,000円の2,000部発行するとして印税収入は0～200,000円，時給にすると0～1,000円です。

しかし，研修の受注を増やすためには，ビジネス書は重要です。

教育担当者は，研修テーマに関連したビジネス書を読んで研修を企画します。気に入ったビジネス書の著者に研修を依頼するということがよくあります。

また，教育団体や営業エージェントから研修講師を紹介されたら，教育担当者は講師がビジネス書の出版実績があるかどうかを必ず確認します。というのも，紹介された講師にビジネス書があると，専門性や特徴を確認できますし，社内で上司や経営幹部に説明するとき「日沖という講師は『実戦ロジカルシンキング』を書いた，ロジカルシンキングの専門家です」とすんなり進むからです。

単著を，紙ベースで，商業出版しよう

書籍ならなんでもよいというわけではありません。研修領域に関するビジネス書を出版しましょう。しかも，「単著を，紙ベースで，商業出

版する」ことを目指してください。

まず，共著ではなく単著を目指しましょう。単著と共著では，アピール度合いが段違いです。共著でも，著者名に自分の名前が出るならまだよいのですが，グループでの執筆や編著で自分の名前が出ないと，教育担当者に検索してもらえません。

次に，電子書籍ではなく，紙ベースで出版したいところです。最近，電子書籍が広がっており，10年後はわかりませんが，現時点でビジネス書は紙ベースが中心です。企業の経営者や教育担当者は紙ベースでビジネス書を読んでおり，電子書籍を正式な出版と認めていません。

さらに，自費出版ではなく，商業出版をしましょう。自費出版もいろいろなタイプがありますが，紙ベースで書店に流通するタイプだと100万円以上とか高額になります。しかも，教育担当者は勉強熱心な人が多いので，自費出版だとすぐ見分けがつきます。

もちろん，「単著を，紙ベースで，商業出版する」のは，「共著を，電子書籍で，自費出版する」のと比べて，ハードルが上がります。

ビジネス書を出版するには？

本を出版するというと，人生を賭けた大ごとだと思うかもしれません。しかし，以前と比べて出版のハードルは格段に下がっています。ちなみに初版部数は2000年頃まではおよそ3,000部以上でしたが，最近は少ない場合は1,000部くらいまで下がっています。電子化で出版のコストが低下する一方，出版社は出版点数を確保する必要があり，「鉄砲を数多く撃つ」状態になっています。適切にアプローチすれば，出版はそれほど難しいわけではありません。

出版社にアプローチするうえでのポイントは，以下のとおりです。

① 自分が書きたいことよりも，売れる（読者に読んでもらえる）テーマを選ぶ

商業出版では，売れるかどうかが採用・不採用の分かれ目です。出版社が「売れそうだ」と判断するのは，流行のテーマを扱っているか，特殊な体験を扱っている場合です。また確実に売れるという点では，研修で出版した本をテキストとして使用する予定（いわゆる著者使用）があると，企画が通る確率が断然高まります。

② 「企画要旨」「対象読者」「類書との違い」「著者自己紹介」「サンプル原稿」などを簡潔明瞭に整理した企画書を作成する

ビジネス書はまず企画書を出版社に売り込み，採用されたら原稿を書きます。企画の趣旨がわかる企画書を作ります。

③ 自分のジャンルに合った出版社を選ぶ

出版社には得手・不得手があり，一般的には優れた企画でも「うちの出版社が扱うテーマではない」という理由で断られることがよくあります。自分が出したいテーマで実績のある出版社を選ぶ必要があります。

④ 出版社あてでなく，編集者あてにアプローチする

出版のほぼすべての作業を担うのが編集者です。出版社あてに企画を持ち込むよりも，編集者個人あてにアプローチするほうがよいでしょう。

私は会社勤務をしていた1999年に『ハイインパクト・コンサルティング』という翻訳書を同友館から出版しました。2002年に独立開業してしばらくは出版を中断していましたが，コンサルティングの領域を拡大するために，2005年に『成功する新規事業戦略』という書籍を出版し，以後，今日まで年1〜4冊，計27冊の単著を出版しています。

出版は顧客開拓に有効というだけではありません。自分が書いた書籍を研修テキストとして使うと，他人が書いた書籍を使うより，自信を持ってスムーズに研修を実施することができます。受講者や教育担当者からの信頼度も段違いです。

学歴をぼかさない，過信しない

セルフブランディングと関連して，学歴と資格について確認しておきましょう。

まず学歴について。

よく，ホームページや著作の自己紹介で学歴を省略したり，「学校を卒業後，専門商社に入社」「都内私立大学を卒業」などとぼかす研修講師がいます。一流大学を卒業しておらず，学歴を隠したいのでしょう。

たしかに，講師の学歴を気にする教育担当者がいます。講師の学歴要件を設定している企業もあります。ある大手海運会社は内規で「最低でも早慶，ないしは海外でMBAを取得していること」としています。ただ，これは例外で，たいていの企業，たいていの教育担当者は，講師の学歴をほとんど気にしていません。

それよりも，学歴をぼかす講師に教育担当者は不信感を覚えます。講師としての実力に自信があるなら，「高卒で何が悪いの？　学歴と講師としての実力は関係ないでしょ」と言い切れるはずです。そう言い切らずに学歴をぼかす講師に対し，教育担当者は「実力に自信がないのでは？」と思ってしまいます。学歴はぼかさず開示しましょう。

逆に，高学歴の講師は学歴の価値を過信してはいけません。学歴を気にする教育担当者がいるといっても，足切りにかかりにくいというだけのことで，「あの講師は東大を出てるから起用しよう」とはなりません。

学歴は，研修講師としてのブランディングには影響しません。低学歴の講師は学歴を隠さないように，高学歴の講師は過信しないようにしましょう。

MBAは人脈形成に有効

独立開業希望者からよく「会社勤務をしているうちにMBAを取ったほうがいいですか？」という質問をいただきます。

以前は日本国内には慶応ビジネススクールしかなく，海外のMBAに留学するのはきわめてハードルが高いという状態が続きました。しかし，1990年代後半以降，国内に多数のMBAコースが設立されました。その多くが平日夜・週末で授業をする夜間コースであることから，ビジネスパーソンが会社勤務を続けながらMBAを取得することができるようになっています。

世間ではMBAについて賛否両論があるようですが，こと研修講師に関していうと，「MBAでの学習には価値はない，ネットワーク形成の価値はある」という結論かと思います。

MBAに行けば最新の経営学や秘伝の経営管理手法を学べる，と勘違いしている人がいます。しかし，MBAでは古いケースを使ってワイワイ議論しているだけで，最新の経営学も秘伝の経営管理手法も学べません。講師や他の学生からの気づきはあるものの，学習内容としてはビジネス書を読めば済むことばかりです。

しかし，MBAには企業の幹部候補生が集まっていますし，教育担当者も参加していたりします。したがって，人脈形成には非常に有効です。ちなみに，p.173のインタビューで登場する辻拓己氏も，現在，一橋ビジネススクールに通っています。

独立開業を予定していて，時間と資金の余裕があるという人は，MBAを検討してもよいでしょう。昼間仕事をしながらMBAに通うと殺人的に忙しくなりますし，学費も結構高いので，「ぜひとも」とまではお勧めしません。

私は，会社勤務時代にアメリカのビジネススクールに派遣留学し，独立開業後に産業能率大学・社会人大学院で講師をしました。その後，元クラスメートや教え子（といっても50代の経営者ですが）から研修を依頼されました。

資格を取っても専門家とは認められない

では，資格はどうでしょうか。

ビジネスでは専門分野ごとにさまざまな資格があり，近年，社会人のキャリアアップのための切り札として，注目・期待を集めています。資格は，研修講師のブランディング，ひいては顧客開拓に有効でしょうか。

まず，研修講師としての専門能力の獲得という点で，資格に価値はありません。なぜなら，資格はある領域での最低限の基本知識を持っていることを証明するにすぎず，専門性を証明するものではないからです。

どんな資格でも，資格を取っただけでは実務で使い物になりません。これは，取得が容易な資格だけでなく，弁護士・公認会計士といった難関資格でも同様です。公認会計士が企業で監査をするには，資格を取った後，会計監査法人に入社し，そこで相当な教育訓練を受ける必要があります。

資格のブランド価値も，どんどん低下しています。試験制度改革によって弁護士・公認会計士が増えましたが，期待したほど弁護士・公認会計士への需要は増えず，弁護士・公認会計士が余っています。弁護士の平均年収は732万円と一般の会社員より少し多い程度まで減少しています。弁護士・公認会計士という難関資格でもこの惨状ですから，ましてや難易度の低い資格には，ブランド価値はほぼありません。

世間では，難関資格を取れば「その道のプロ！」と認められるかもしれません。しかし，たいていの教育担当者は，こうした資格をめぐる近年の事情を熟知しています。研修講師が資格を取得しても，専門家として認められることはないのです。

資格取得でサーチの範囲に入る

では，研修講師が資格を取得しても意味がないでしょうか。そうではありません。顧客開拓という点で，資格にはかなりの意味があります。

まず，教育担当者が自ら研修講師を探す場合，「研修講師　税理士」などと資格をキーワードに候補者を検索することがあります。あるいは，ニッチな領域の場合，資格保有者の団体に問い合わせたりします。研修講師が資格を保有していないと，こうした教育担当者のサーチの範囲に入ってきません。

また，教育団体や営業エージェントから研修講師の候補者を提示されたら，教育担当者は資格を保有しているかどうか確認します。研修講師の起用について上司や経営幹部に説明するとき，「この講師は税理士資格を持っていませんが，企業の経理部門で長年の実務経験がありまして……」などといちいち説明するより，「この講師は税理士資格を持ち，企業での実務経験もある専門家です！」と説明するほうが通りがよいからです。

そもそも，教育団体や営業エージェントが研修講師を募集するとき，資格保有者の団体を通して募集したり，資格保有者向けの専門雑誌に募集広告を掲載したりします。資格保有者でないと応募できないというわけではありませんが，資格保有者のほうが断然有利なのです。

資格を取得し，活用する

自分の研修領域に合致した資格を取りましょう。ある領域に複数の資格がある場合，プロモーションの効果を考え，伝統と実績があり，知名度が高いものを選びましょう。公的資格と民間資格があるなら，基本は公的資格を優先します。

複数の資格を取ることをダブルライセンスといいます。ダブルライセンス（あるいはトリプルライセンス）によって，研修領域を広げることができます。ただ，名刺やホームページの講師紹介などにあまりにもたくさん資格が列挙されていると，どの分野の専門家なのかわかりにくくなりますし，教育担当者は「そんなに資格にすがるって，この講師は自分の実力に自信がないの？」と不信感を覚えます。資格マニアの状態になってしまうと逆効果なので，注意が必要です。

資格は，取る前より，取った後が肝心です。せっかく勉強して資格を取っても，それっきり何もしないという研修講師がいますが，残念なことです。取得するだけでなく，積極的に活用したいものです。

資格の活用とは，研修講師の場合，資格関係業務を受注することではありません。研究会・勉強会に参加することです。

資格にはたいてい同業者団体があり，会員向けの研究会・勉強会があります。研究会・勉強会に参加することで，その領域についての知見を深めることができますし，資格保有者同士のネットワークを広げることができます。

持ちつ持たれつの世界

研修の新規案件受注では，自力で顧客開拓する場合と教育団体や営業エージェントなどから紹介を受ける場合があります。そして意外と多いのが，同業の研修講師からの紹介です。

「えっ？　せっかく来た案件をライバルに渡すってことあるの？」と思われるかもしれませんが，そういう感覚ではありません。

たとえば，ある研修講師が小売業者で，店長クラスにマネジメント研修の講師を担当しているとします。その小売業者の教育担当者から，「全国50店舗で現場の販売員に接客の研修をやってほしい」と依頼され，時間がない・専門領域と異なる・報酬水準が低いといったことで，受けられないとしたら，どうしますか。

ここで，「それはお受けできません」と断ってしまうと，せっかく自分のことを信頼し相談してくれた教育担当者の期待を裏切ることになってしまいます。そこで，研修講師は教育担当者との関係を悪化させないよう，必死になって代役となる別の研修講師を探します。このとき，専門性があり人間としても信頼できる代役を探そうとすると，業界団体などでよく知っている同業の研修講師に白羽の矢を立てることになります。

しっかりした代役を紹介できると，「やっぱり，この先生は頼りになる！」ということで，教育担当者との関係が深まります。また，紹介した代役のほうから逆に別の機会に案件を紹介してもらえます。専門家同士はライバルというより，「お互いさま」「持ちつ持たれつ」という世界なのです。

繰り返しますが，資格を取るだけなく，研究会・勉強会に参加しましょう。ただ顔を出して名前を覚えてもらうだけでなく，自分の研究や活動成果について発表するとよいでしょう。発表すると，参加者に自分の専門性や特徴・人間性などを知ってもらえます。それがネットワークの形成につながり，長い目で見て顧客開拓につながるのです。

私は，まだ会社勤務をしていた1995年に中小企業診断士を取得しました。同業者団体である中小企業診断協会に所属し，東京都の支部の研究会に参加しています。会員から仕事を依頼されることも，逆に会員に仕事を依頼することもあります。また，直接の研修の依頼だけでなく，会員を通して教育団体や営業エージェントからのアプローチを受けることもあります。

長期戦を覚悟する

顧客開拓について検討してきたこの章の最後に強調しておきたいのが，「長期戦を覚悟する」ことです。

まず，研修講師というビジネスを個人で展開するには，自分の存在を知ってもらう必要があります。また，研修という目に見えないサービスを売るには，専門性について知ってもらう必要があります。他の研修講師と差別化するブランディングも重要です。

これらは一朝一夕では実現しません。自分の研修領域を確立し，ネットワークに働きかけ，実績を踏み，時間をかけて徐々に実現していくものです。人にもよりますが，事業として安定した状態になるには2〜3年かかります。したがって，長期戦を覚悟し，成果を焦らず，一貫した取組みを続ける必要があります。

また，長い期間のうちに資金が尽きてしまう可能性もあります。講師業務以外に収入源を多角化することや，無収入・低収入でも数年耐えられるよう蓄えをしておくことは大切です（p.47参照）。

長期戦の覚悟がない人は，早くビジネスを軌道に乗せようとして，引き合いが来たらどんなタイプの仕事でもとりあえず受注しようとします。苦手だなと思う仕事でも引き受けます。すると，たしかに当座の収入は増えるのですが，「あの講師はどんな仕事でも引き受けてくれる“何でも屋”」という市場の評価になってしまいます。

買う側の教育担当者にとっても，売る側の教育団体・営業エージェントにとっても，いろいろな研修ニーズに取りあえず対応してくれる何でも屋は，ありがたい存在です。彼らにとっては，研修実施が決まった，受注が決まった，しかし，担当する講師がいない，というのが，一番怖いことであり，何でも屋は「救いの神」です。

ただし，何でも屋として活動を続けると，毎日忙しく低単価の受注をこなすだけで，貧乏暇なしの状態になってしまいます。また，「あいつは一体何ができる講師なんだ？」ということで，専門家としてのブランディングはできません。

人の人生なので，何でも屋として生き伸びるというのも，もちろんアリです。ただ，研修講師として金銭的にも，社会の評価や自己実現という点でも大きく成功したいなら，専門領域を確立するべきです（p.149

のとおり，そこから事業領域を広げることは大切です)。

第5章

教育担当者とのすり合わせ

教育担当者と企画をすり合わせる

研修は，受注が確定したらそのまま実施するわけではありません。たいてい，教育担当者（事務局）と事前のすり合わせを行います。

講師を未経験という人にとっては，受講者を前にいかに堂々と話すか，受講者を飽きさせないようにするか，といった当日の運営が気になることでしょう。しかし，それよりも研修を成功させるには，教育担当者との事前のすり合わせのほうがはるかに大切です。研修がうまくいくかどうか，成否の8割は事前のすり合わせによって決まってきます。

研修を受注した段階で，研修講師と教育担当者の間では，プログラムや進め方などかなりのことが決まっています。しかし，会場準備など運営上の細かい点だけでなく，目的・受講対象者・期待効果といった大筋の部分についても，意外とコンセンサスが形成できておらず，やってみて「こんなはずじゃなかった」ということが起こります。

私の失敗経験。あるメーカーで経営人材育成の選抜型研修を担当したときのこと。

教育担当者は社長の「経営幹部を育成せよ」という命を受けて研修を企画し，私もそのつもりで準備を進めていました。当初，幹部候補9名が参加予定でしたが，開催3週間前に「14名になりそうだ」という連絡があり，当日会場に行ってみると，受講者は17名に膨れていました。ある経営幹部から教育担当者に「せっかくの機会だから若手にも受けさせろ」という指示があったようです。

当然，追加になった受講者は事前準備も動機づけも不十分。理解度・参加意欲が低く，「こんな難しいことを教えられても困る」「何のための研修？」などと不平を口にしました。研修は途中で空中分解に近い状態になり，受講満足度も最低でした。

こうした間違いを避けるために，研修講師は教育担当者と面談して，事前のすり合わせをします。事前というのは，遅くとも受講者に受講案内を発信するまでなので，研修開催1か月前までには行う必要があります。1回で終わればよいですが，2回・3回と行うケースもあります。

すり合わせる項目は，以下のとおりです。

① 目的・ねらい
② 受講者
③ 期待効果
④ 進め方
⑤ 事前課題・事後課題
⑥ 効果測定
⑦ 役割分担
⑧ 当日準備

この順番で，すり合わせの内容・ポイントを確認しましょう。

教育担当者と企画をすり合わせる

まず，①目的・ねらい。

「目的・ねらいがあいまいな状態で研修実施を決めることってあるの？」と思われるかもしれませんが，たびたびあります。研修を思い立った経営幹部，企画・実施する教育担当者，受講する従業員の三者がそれぞれ違ったことを考えているという状態です。「たまに」ではなく「たびたび」あります。

経営幹部「わが社の営業担当者は，何が何でも目標を達成しようというマインドが足りない。営業担当者を対象にマインド強化の研修をやるように」

教育担当者「わが社の営業担当者は，やる気はそこそこあるのだが，他社の営業担当者と比べて基本的な営業スキルが欠けている。まずは営業スキルの教育が必要だ」

営業担当者（受講対象者）「わが社ではそもそも営業目標の設定がずさんで，根性主義が横行している。研修というなら，まず管理職を含めてPDCAの基本を学ぶべきだ」

本来は，こうした違いをまず社内できちんとすり合わせたうえで研修を依頼してくるべきなのですが，「何か手を打たなければ」と取りあえず実施が決まってしまうわけです。

ただ，考えようによっては，研修のプロである講師の意見を踏まえて企画を詰めたほうが良い研修ができます。また，研修講師にとっても，顧客から「こういう風に実施してください」と命じられたことをそのままやるよりも，自分の意見を反映させることができて，やりやすかったりします。

教育担当者と目的・ねらいのすり合わせを必ずやりましょう。講師が持ちネタを披露するセミナー・講演ならメールのやり取りで十分でしょうが（すり合わせをしないことも多いようです），研修の場合，実際に会ってひざ詰めで協議します。研修担当者だけでなく，経営者・経営幹部にも入ってもらうことがあります。受講者が加わることは，事務局兼受講者というケース以外はあまりありません。

経営環境―経営戦略―組織・人材―研修

目的・ねらいのすり合わせで大切なのは，顧客の人材の問題点を経営環境，経営戦略，組織・人材という広い視点から考えることです。

顧客の企業は，経営環境を分析して，経営戦略を策定します。経営戦略を実行するために組織を編成します。そして，組織は人材で成り立っています。

研修講師が関与するのは最後の人材の育成ですが，組織・人材だけでなく，経営戦略，さらには経営環境までさかのぼって，研修がそれらの方向性や問題点に合致しているかどうかを確認します。

たとえば，ある研修講師はメーカーで，経営人材育成研修を実施するにあたり，以下のように確認しました。

経営環境：グローバル化が進み，新興国の市場が広がるとともに，新興国メーカーとの競争が激しくなっている。
経営戦略：新興国で価格競争に巻き込まれない高付加価値商品を拡販する。
組織・人材：海外での事業経験のある経営幹部や市場開発の経験がある営業担当者が少ない。
研修：グローバルに事業をけん引できるリーダーを育成しよう。

もし，「経営環境－経営戦略－組織・人材－研修」とつながっておらず，経営幹部・教育担当者の思いつきや「他社でもやっているから」といった理由で依頼が来た場合，たいてい1回限りで終わってしまい，リピート受注にはなりません。

そして，すり合わせで合意した目的・ねらいを教育担当者（事務局）を通して受講者に伝達してもらいます。場合によっては研修講師が受講者向けの案内文書を作ります。

受講対象を確認する

つぎに，②受講者を確認します。

まず受講対象がさきほど確認した研修の目的・ねらいと合致しているかどうかを確認します。

研修の現場では，よく受講者から「自分がこの研修を受講する意味がわからなかった」という感想（不満）を寄せられることがあります。いわゆる“お客さん”状態です。

受講者が“お客さん”になるのは，（A）目的・ねらいと受講者が合致しているが，受講者にちゃんと伝わっていない，（B）そもそも研修の目的・ねらいと合致していない，という理由が考えられます。

このうち（A）については，先ほどのとおり教育担当者に依頼して目的・ねらいを受講者にしっかり伝えてもらえば，ある程度は対処できます。一方，研修講師がコントロールしにくいのが（B）です。

日本企業では横並び意識が強いので，「入社５年目の前田君が受講するのに，同期の小松君が受講しないのはおかしい」「営業部門だけ受講して，管理部門が受講しないのは公平性を欠く」といった現場の声に教育担当者が耳を傾けて，目的・ねらいと合致しない社員にまで受講対象が広がっていきます。また，どうせ金をかけて研修をするなら，できるだけたくさんの社員に受講してもらおうという教育担当者の意向も働きます。

しかし，“お客さん”は参加意識が低いので，受講者に“お客さん”が混じっていると，研修が活性化しません。それによって目的・ねらいに合致した本来の受講者までモチベーションが下がってしまいます。

研修講師は，“お客さん”によって研修が崩壊してしまう危険性があることをしっかり教育担当者に伝えます。そして，受講者数が「ちょっと多すぎるな」と思ったら，受講人数の上限を設定するなど，適正化を働きかけます。

また受講人数だけでなく，受講者の属性・所属部門も確認します。さらに，どういう仕事を担当していて，職場でどういう問題に直面しているのか，どういう性格なのか，という点を確認すると，当日スムーズな運営，受講者のニーズに合わせた柔軟な運営をすることができます。

期待効果

つぎに，③期待効果を確認します。

期待効果とは，研修受講によって受講者のマインド・行動・知識・スキル・業務成果などにどのような変化が起こることを会社側が期待するか，ということです。

受講者にどういう変化を期待するかは，企業・教育担当者によってまちまちです。

「わが社の管理職は担当業務オンリーで視野が狭いので，市場の変化を敏感に察知できるよう視野を広げてほしい」

「営業担当者に提案営業の基本スキルをしっかり身につけてほしい」

「わが社の中堅層は職場でのコミュニケーションが足りないので，上司・部下・他部門とのコミュニケーションができる状態になってほしい」

基本は，教育担当者が要望する期待効果が①目的・ねらいと合致しているかどうかを確認します。ただ，教育担当者が研修に過大な効果を期待しているなら，現実を知らせる必要があります。

また，研修講師は他社でも講師を担当し，いろいろな企業・受講者を見ているので，他社と比較したその会社の従業員の強み・弱みがわかります。第三者の視点，プロの視点で従業員の強み・弱みを指摘し，研修でそれらがどう変化するのかを示すと，教育担当者の納得感が高まります。

基本・応用・実践のバランス

期待効果が明確になったら，④研修の進め方を確認します。これは，確認というより協議になります。

社会人の学習には，基本・応用・実践という3つのレベルがあり，それぞれに適した研修の進め方（研修技法）があります。**研修技法**は1,000以上あるといわれますが，以下のように分類できます。

・講義
　講師から受講者への口頭での説明。
・事例研究
　実際の事例を紹介し，特徴・問題点・解決策を解説。ケースメソッドでは，受講者が当事者の立場になって解決策を討論。
・ロールプレイング
　現実に起こる場面を想定して複数の受講者がそれぞれ役を演じ，疑似体験をする。
・討議
　受講者がグループで，あるテーマについて話し合う。

図表14　教育担当者の要望，研修講師の思い

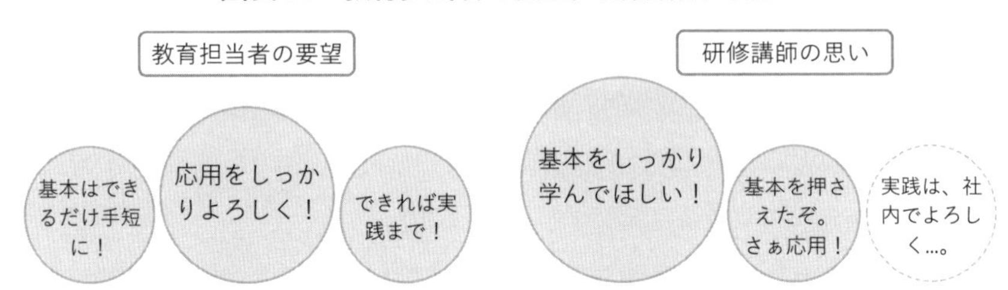

・ゲーム

・自己診断

　受講者が自分の能力・行動・マインドなどについて自分で確認。

講義で基本的なことを学び，事例研究・ロールプレイングなどで応用を学びます。

ここで悩ましいのは，教育担当者の要望と講師の考えが必ずしも合致しないことです。

よく教育担当者から「基本的な講義の割合を減らして事例研究など応用的な学習の割合を増やしてほしい」と要望されます。さらに「職場でどう実践するかというところまで研修の中で教えてほしい」と要望されることもあります。

一方，教える側の講師は，まずは「受講者に基本をしっかり理解してほしい。そのためには講義を増やしたい」，そのうえで「基礎ができたら演習・ディスカッションなど応用的なことをやりたい」，そして「実践は社内でしっかり取り組んでください」と考えます。

基本・応用・実践の3つをしっかりやるだけの研修時間数を確保できれば問題ありませんが，たいてい予算・日程の制約から十分な研修時間を確保できません。その場合，基本・応用・実践のどれに重点を置くのか教育担当者と協議します。基本の重要性を伝えますが，最終的には教育担当者の判断に従います。

事前課題で研修の学習効果を高める

進め方と関連して，⑤事前課題・事後課題について確認します。

限られた研修時間を活用し，学習効果を高めるには，事前課題を受講者に課したいところです。

一般に受講者は，研修テーマについて予備知識をあまり持っていません。そのため研修では基礎を説明する講義に時間を費やし，「説明ばかりでつまらなかった」という受講者の不満につながります。

ここで，事前課題を課して受講者の知識レベルを引き上げておくと，研修では基本の講義を短くし，応用的な内容に時間を割くことができます。

事前課題には，次のようなものがあります。

・通信教育の受講
・課題図書の精読
・研修教材の事前配布
・研修テーマに関する自身・自職場の振り返り

事前学習は強制力がなく，なかなか徹底しにくいという問題があります。上記のうち最も強制力が高いのは，通信教育です。最近は，Webベースの受講しやすい通信教育が増えています。ただし，通信教育にはコストがかかります。

課題図書の精読は，コストはあまりかかりませんが，強制力がありません。強制力を高めるために，読後レポートを作成・提出してもらったり，研修の中で理解確認テストを実施するといった方策が考えられます。研修テーマに関する自身・自職場の振り返りも同様です。

事後課題を取り入れよう

また，事後課題を課して受講者が学習内容を職場で実践するのをフォローします。

研修に対しては「単なる勉強で終わって実践の役に立たない」という批判がよく寄せられます。たしかに研修では基本が中心，応用を少しやる程度で，職場での実践は完全に顧客側にお任せ，となってしまうのが普通です。

ここで，研修での学習内容に関連した事後課題を受講者に課すことで，学習を職場での実践にスムーズにつなげることができます。

事後課題としては，学習内容を職場で実践してもらい，その状況をレポートで報告してもらうというやり方があります。

私は，レポートを提出してもらい，評価・コメントをフィードバックするということをよくします。ただレポートを提出してもらうだけでなく，評価・コメントをフィードバックすることで，研修での学習と実践をしっかり振り返ってもらえます。

なお，事前課題と事後課題を受講者に課すことについて，教育担当者の反応ははっきり分かれます。身を乗り出して「ぜひやりましょう！」と言う教育担当者もいれば，即座に「業務多忙な受講者に余計な負担はさせられない」「予算的に無理ですよ」などと拒絶する教育担当者もいます。後者に対しては，事前課題・事後課題の効用を説明し，理解してもらいましょう。

効果測定をアドバイスする

さらに，⑥**効果測定**について確認します。

近年，教育担当者の効果測定に対する意識が高まっています。企業を取り巻く市場・競争環境が厳しくなるなか，研究開発費や広告宣伝費だけでなく，教育研修費も戦略的投資の1つであると考え，費用対効果を厳しくチェックしようということです。

本来，効果測定は教育担当者が責任を持って行うべきことですし，企業によって独自の考え方があるので，他の項目と違って事前のすり合わせで必ず確認・検討しなければならないものではありません。

しかし，研修講師は外部の専門家の立場から，教育担当者が適切な効果測定をできるよう，アドバイスします。

効果測定にはいろいろな考え方・やり方がありますが，ドナルド・カークパトリックによると，研修効果には「result（業績貢献度）」「be-

図表15　カークパトリック・モデル

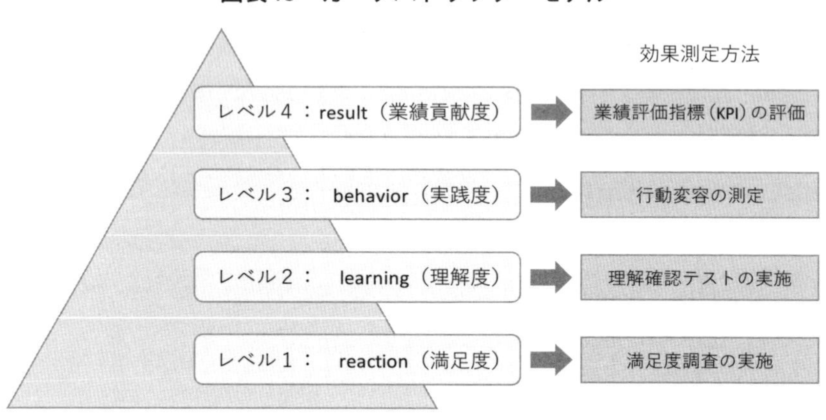

（カークパトリックのアイデアをもとに著者作成）

havior（実践度）」「learning（理解度）」「reaction（満足度）」4つのレベルがあり（**カークパトリック・モデル**），レベルに応じた方法で受講満足度調査や理解確認テストを行います（**図表15**）。

このうち満足度調査（**受講アンケート**）や行動変容の測定については，項目の設計などについて講師がアドバイスします。**理解確認テスト**については，講師が有料・無料で作成（および採点）することがあります。学習効果を高めるものなので，できるだけ協力するようにしましょう。

事後フォローへの期待が高まる

また，⑤事後課題や⑥効果測定と関連して，研修実施後に講師がどこまでフォローするかを確認するようにします。

受講者との関係はいろいろで，セミナー・講演のようにその場・そのとき限りという場合もあれば，研修終了後も講師が受講者との関係を続け，学習・成長をフォローする場合もあります。

とくに対応が必要なのが，将来経営を担う人材，いわゆる**経営人材**です。2015年に，金融庁によって「コーポレートガバナンス・コード（上場企業が守るべき企業統治指針）」が制定され，上場企業では「取締役会は……最高経営責任者等の後継者の計画（プランニング）について適切に監督を行う」ことになりました。企業は，ビジョン・経営戦略に沿って長期的・計画的に後継者を育成する必要があり，講師による受講者のフォローへのニーズが高まっています。

フォローには，いくつかのやり方があります。

・研修での学習内容を職場で実践できているかどうか報告を受ける。
・発展的な学習を支援する。
・受講者の職場・個人の問題に対し相談に乗る。
・受講者同士の人的交流に加わる。

教育担当者の要望を確かめて，できるだけ対応するようにします。

なお，フォローは，研修実施前のすり合わせでも話題になりますが，より頻繁に話題になるのは，実施後です。実施後に受講者や教育担当者から，発展的なことを学びたい，職場への展開について相談したい，といったフォローの依頼があったら，対応するようにします。

教育担当者に立ち会いを依頼する

つぎに，当日の⑦役割分担を確認します。

研修の中身以外に，会場準備，受付，会場利用諸注意，開講あいさつ，などがあります。基本は事務局がやってくれますが，誰がどういうタイミングで実施するかなど確認しておきます。

さらに，事務局・教育担当者の研修の立ち会い（アテンド，オブザーブ）についても確認するとよいでしょう。

事務局が研修にどれだけ立ち会うかは，まさに千差万別です。研修開始から終了まで立ち会ったり（フルアテンド），経営トップが立ち会うこともあれば，開講あいさつすら運営業者に委託して，まったく立ち会いをしないという場合もあります。

近年，教育担当者の立ち会いは減る傾向にあります。教育担当者にも業務合理化が求められるようになっているためです。とくに大手企業は，研修実施数が多く立ち会いの業務負担が大きいことから，グループ内の研修会社に運営を委託し，立ち会い時間を極力減らすよう努めています。

しかし，立ち会いをすることによって，教育担当者はその研修の状況・問題を把握し，今後の改善に役立てることができます。受講者の研修ニーズを聞いて，今後の研修を企画することができます。研修講師にとっても，教育担当者とのコミュニケーションを深め，社内での研修展開を考えるうえで（p.147参照），教育担当者に立ち会ってもらうのは好都合です。

もちろん，立ち会いをするかどうかは教育担当者の判断で，講師が無理にお願いすることはできません。たとえば，受講者の学習成果発表のような要所で立ち会ってもらうなど，工夫して依頼するとよいでしょう。

当日準備は抜かりなく

最後に，⑧当日準備などを確認します。

以下のような項目を確認します（教育団体や営業エージェントを通した案件の場合，営業担当者がほとんどをやってくれます）。

✓ 会場
✓ 会場の設営（机，椅子，プロジェクター，ホワイトボードなど）
✓ 講師の移動・宿泊
✓ 当日スケジュール（会場入り・打ち合わせなど）
✓ 資料の印刷・手配
✓ 受講者のグループ分け
✓ 昼食・休憩など
✓ 費用請求

この中で会場は，学習効果を大きく左右します。問題ないかどうか，できれば講師が自分の目で見て，以下のような点を確認しましょう。

・広さ
・設備・備品
・空調
・アクセス

このうち広さについては，狭すぎると受講者が圧迫感を感じますし，広すぎるとガランとして場が盛り上がりません。なお，社内の会議室だと，研修中に受講者が呼び出されたりして研修に集中できないので，できれば社外の貸会議室などを利用してもらいます。

ここまで，研修実施前の教育担当者とのすり合わせについて丁寧に見てきました。

講師未経験者は，研修というと，受講者にどうわかりやすく説明するか，といった当日の運営が気になることでしょう。しかし，研修が成功するかどうか，勝負の8割は事前のすり合わせで決まるのです。

教育担当者との関係

この章の最後に，教育担当者との関係のあり方について確認しましょう。

研修は教育担当者とすり合わせをしてプログラムなどを決めるので，教育担当者によって研修がまったく違ってきます。

教育担当者は本当に千差万別ですが，2種類に大別できます。

【Aタイプ】

・教育担当の経験が長く知識が豊富。または経験が浅くても勉強熱心。
・人が好きで，人材育成に熱意を持っている。
・研修講師と積極的に関わり，共同でプログラムづくりをする。

【Bタイプ】

・教育担当の経験が浅く知識が少ない。または経験が豊富でも勉強不足。
・人が好きではなく，人材育成をただ仕事として処理しているだけ。
・研修講師とは最低限の接触。講師に要望・指示を伝えるだけ。

Aタイプが好ましく，Bタイプが好ましくないのは言うまでもありません。

以前は，Bタイプの教育担当者が目立ちました。日本企業，とくにメーカーでは労働組合対策が重要だったので，人事部門の中で組合対策を担当する労政（や人事管理）が主流，教育（や福利厚生）は傍流でした。そのため，出世競争に敗れたベテラン社員が渋々担当するというケースが多かったのです。

ところが，近年は人材を企業の戦略を左右する最重要要因とするSHRM（Strategic Human Resource Management：戦略的人的資源管理）の考え方が浸透し，教育の社内での地位が高まっています。人事部門の中でも若手・中堅のエースが教育担当をすることが増え，Aタイプが増えています。

ということで，Aタイプの教育担当者は基本的に「話せばわかる人」なので，外部専門家の立場から率直に意見交換をすればよいでしょう。

もちろん，今日では少数派ですが，Bタイプの教育担当者もいます。ここまで解説してきた①〜⑦で考え違いや確認漏れがあって研修が崩壊してしまうことがないよう，積極的にコミュニケーションを取るようにします。Bタイプは，自ら研修講師と接触しようとしないので，研修講師のほうから問い合わせる必要があります。

第6章

インタラクティブな研修運営

最初は場づくりから

さて，すり合わせや事前準備を経て，いよいよ研修当日です。

当日の進め方は，実施するテーマによって大きく違います。ここでは，どの研修でも共通して問題になる受講者との関係を中心に，当日の運営について見ていきましょう。

まず，場づくり。研修講師にとって当日の最初のチャレンジが，場づくりです。

受講者はさまざまな心理状態で研修に臨んでいます。

A「ぜひ勉強したいと思っていたテーマで，待ちに待った研修だ」
B「大切な研修なんだけど，仕事が忙しいし，2日間も拘束されるのは負担だなぁ」
C「どうして俺が研修なんて受けなきゃいけないんだ」

会社・研修テーマ・募集方法にもよりますが，一般的な割合はA：B：C＝1：6：3というところでしょう（ちなみにセミナーは，A：B：C＝8：2：0です）。また，職場を離れて見知らぬメンバーや社外の講師と一緒ということで，受講者は緊張しています。

こうしたなかで大切なのが場づくり，つまり受講者をいかに研修に集中させるかということです。

研修は，まず主催者のあいさつで始まります。そして，バトンを受けた研修講師は，本題に入る前に以下のような方法で場づくりをします。

①　研修の目的・ねらいの伝達

もちろん，主催者（事務局）のあいさつで目的・ねらいを伝えているのですが，改めて講師の言葉で伝え，確認します。ポイントは，主催者の説明をそのまま繰り返すのではなく，講師の経験や他社事例などを踏まえて講師自身の言葉で説明することです。

②　受講者の自己紹介

少人数の研修なら全員から全員へ，多人数なら班分けしたグループ内で自己紹介をしてもらいます。受講者の名前・所属と担当業務だけでなく，「プラスアルファ」を紹介するようにお願いすると，場が活性化します。

③　アイスブレイク

アイスブレイク（icebreak）とは，氷のように緊張した状態を和らげることで，クイズ，ゲーム，体操，体験の披露，などがあります（②自己紹介もアイスブレイクの1つとされます）。

なお①は必須で，②③は必要に応じて実施します。限られた時間で研修を進める講師としては，一刻も早く本題に入りたいところでしょうが，これらをしっかりやって，受講者が意欲的に学べる状態にしましょう。

自己紹介によるアイスブレイク

この中で，アイスブレイクはなかなか難しいところです。

図表16　自己紹介系のアイスブレイク技法

「実は○○です」自己紹介
自己紹介の最初に「実は」で始まる内容を入れて話します。
他己紹介
2人でペアになってインタビューし合い，その後，全員に対しその人のことを紹介します。
積み木自己紹介
グループで最初の人が「○です」と名前を言い，次の人は「○さんの隣の×です」と続け，次の人は「○さんの隣の×さんの隣の△です」と続けます。
GOOD&NEW
24時間以内に起こった楽しいことや嬉しいこと，新しい発見などを発表します。
しりとり自己紹介
相手の自己紹介の最後の一文字をとって自分のことを紹介します。
サイコロ自己紹介
サイコロに書かれたテーマ（たとえば「夢」など）に沿って自己紹介します。

新入社員研修のように学習よりもお互いを知ることが目的の場合，時間をかけてゲームをしたりします。

しかし，長時間かけてやるとダラけた雰囲気になりますし，「さて」と本題に入るのが難しくなってしまうので，手軽なものを手際よく短時間で実施するようにします。交流目的の研修以外は，自己紹介をする程度でよいでしょう。自己紹介は，ただ名前と所属を言うだけでなく，**図表16**のような自己紹介技法を使うとよいでしょう。

受講者のモチベーションを高める

会社命令でいやいや参加している受講者が多いなか，いかに受講者の**モチベーション**（motivation：意欲）を高めるかが，講師にとって重要な課題です。

受講者がどういう理由でモチベーションが低下しているのかを把握し，対応します。

① 研修テーマ・内容が自分の関心とは違っている
→ 事前に，教育担当者にテーマ・内容に合った受講者を選んでもらう。
→ 当日は，受講者にとって身近な事例を紹介し，テーマ・内容に関心を持ってもらう。

② 講義中心で単調
→ 事前のプログラムで，演習や簡単なゲームを取り入れる
→ 当日は，こまめに休憩を取る

③ 講師の話がつまらない
→ ジョーク・余談や受講者が関心のありそうな話題を取り入れる

④ 講師のことが嫌い
→ 受講者を社会人として認めて，良好な関係を作る

⑤ 嫌いな受講者と同じグループになった
→ 事前に，教育担当者に適切なグループ分けを依頼する
→ 当日は，タイミングを見てグループ分けを変える

⑥　グループ演習や討議で自分の意見を否定された

→ 演習・討議の開始前に，他者の意見を否定せず，まず受け入れたうえで話し合うように注意喚起する。

このうちやっかいなのが④です。皆さんも小学生のとき，嫌いな先生の授業はモチベーションが下がり，成績も悪かった，という経験があるでしょう。それと同じことが社会人が受講する研修でも起こります。好き嫌いという他人の感情をコントロールするのはきわめて困難です。

よく研修講師は，受講者に「こんなことも知らないんですか？」という態度を取って，受講者のプライドを傷つけてしまうことがあります。しかし，受講者は研修テーマについては無知でも，社会人として自分の専門領域についてプライドを持って仕事をしています。受講者の人格・実績などをしっかり認めることによって，好きになってもらえないまでも，「この講師の話は聞きたくない」という状態を避けることができます。

ところで，受講者が講師に不満やモチベーション低下を訴えることはまずありません。終了後の受講アンケートで判明しますが，それでは手遅れです。受講者の表情やしぐさなどから読み取る必要があります。もちろん，これには経験が必要で，なかなか困難です。

そこで頼りになるのが，受講者をよく知る教育担当者。事前のすり合わせで，教育担当者から受講者の特徴や要注意の受講者を教えてもらいます。また，教育担当者に研修に立ち会ってもらい，受講者に気になる変化があったら教えてもらうとよいでしょう。

受講者に質問する

受講者の学習理解度を高めるため，またモチベーションを上げるため，研修講師→受講者という一方通行でなく，質問を使ってインタラクティブに研修を進めましょう。

質問には，講師から受講者に質問する場合と受講者から講師にする場合があります。

講師から受講者に投げかける質問は２種類あります。

１つは，受講者の理解を確認するための質問です。難解な概念や重要事項を説明した後など，受講者に質問をします。

「流動比率が100％なら，固定長期適合率は何％になりますか？」

受講者に発言してもらい，必要に応じてコメントします。

もう１つは，受講者に考えさせるための質問です。いろいろな考え方がある論点や受講者に考察を深めてほしい点について質問します。

「組織が緊急事態に直面している場合，9.1型と1.9型のどちらが有効でしょうか？」

受講者に答えてもらう場合もあれば，少し考えてもらって講師が答えを言う場合もあります。後者のことを**自己回答**といいます。

「一般に，福島原発事故のような緊急事態には9.1型が有効だといわれます」

研修の序盤では答えやすい質問をして，受講者が講師の質問に答えるのに慣れてきたら，徐々に難易度の高い質問をするようにします。

受講者から質問を受ける

また，講師は受講者からの質問を受け付けます。

まず，要所で質問を募ります。要所というのは，難解な概念や重要事項を説明した後，単元の区切り，研修の終わり，などです。

「ここまで資本コストの算定方法について説明しました。β値の考え方など理解は大丈夫ですか？」

また，受講者が自発的に質問してきた場合，研修時間中だけでなく，休憩時間でも質問を受け付けます。

質問を受けたら，丁寧に回答します。研修中に他の受講者と関係ない個人的な質問を受けたら，手短に答えて「次の休憩の時に詳しくご説明します」とします。

その場で答えられない難しい質問だったらどうすればよいでしょうか。いい加減な回答をしてごまかすと，受講者からの信頼を一気に失ってしまいます。「後ほどお答えします」として，休憩時間中に調べて回答します。休憩時間ではわからない場合，後日，教育担当者を通して回答を伝えます。

受講者からの質問に的確に答えられるかどうかは，受講者の満足度を大きく左右します。どういう質問が来ても答えられるように準備しておくこと，質問があったら逃げずに真摯に向き合うことが大切です。

コメントをフィードバックする

研修は，講演と違って，演習・討議・ワークなどがあります。演習・討議・ワークを終えたら，受講者からその内容・結果を発表してもらい，講師はコメントを**フィードバック**します。

コメントは良かったところ，悪かったところ，なぜ良かったのか，なぜ悪かったのかを簡潔に説明します。

「分析の広がりが感じられず，残念です」といった感情的な感想だけでは，受講者は納得してくれません。「古物営業法の改正の後，中古品ビジネスが拡大しているという市場のトレンドをとらえ切れていません」という具合に事実に基づいて説明するようにします。

私は，できるだけ良い点と悪い点の両方をコメントするようにしています。悪い点だけコメントすると，耳を貸さない受講者が多いからです。

ただ，教育担当者から「できるだけ厳しくコメントしてください」と言われることがあります（「優しくコメントしてください」と言われることはあまりありません）。教育担当者の要望をできるだけ取り入れるようにします。

柔軟に軌道修正する

講師は事前に作成したレッスンプランに基づいて，計画的に研修を進めます。ところが，途中で軌道修正を余儀なくされることがあります。

軌道修正が必要となるのは，会社行事による中断，地震など天災，会場・機器のトラブルなど，いろいろなケースがあります。

ただ，それよりも頻繁に起こるのは，受講者の次のような変化です。

- 受講者の学習理解度が極端に低い
- 演習・ワークなどに思いのほか時間がかかる
- 受講者のモチベーションが低下し，研修に集中していない
- 受講者同士が対立している

講師は，受講者の様子をしっかり観察し，こうした兆候をつかんだら，スケジュールどおりにプログラムを進めることにこだわらず，柔軟に軌道修正します。

たとえば，学習理解度が極端に低いようなら，時間を取って，基本概念から丁寧に説明し直します。

また，研修に立ち会っている教育担当者から軌道修正を要望されることがあります。もっと発展的なことを教えてほしい，理解度の低い受講者をケアしてほしい，といったことです。教育担当者の要望を受けたら，即座に反映させ，軌道修正します。

受講者や教育担当者からの評価は，教える内容もさることながら，こうした軌道修正ができるかどうかで大きく違ってきます。

リフレクションで実践につなげる

近年，社会人の学習で注目を集めているのがリフレクションです。

リフレクション（reflection）は日本語で「内省」で，教育の世界では，従業員が日々の業務や現場からいったん離れて自分が経験した仕事を振り返ることを意味します。

日本企業ではOJTが盛んで，現場の実態に即した実践的な教育が行われています。一方，OJTでは，陳腐化した現在のやり方をそのまま無批判に伝承してしまったり，従業員の視野が狭まってしまうという問題点・限界があります。

研修の場で学習内容に関する自身の仕事や職場の状況を振り返ることで，仕事・職場の問題を発見し，改善に役立てることができます。たとえば，研修で会議のファシリテーションについて学習したら，受講者が日頃出席している会議を取り上げて，うまくできているかどうか振り返ってもらいます。

研修の場で，「あとで振り返ってくださいね」と言うだけでも効果があります。ただ，時間が許せば，実際に受講者にその場で振り返ってもらう→発表してもらう→講師がコメントする，という丁寧なリフレクションをしたいものです。

時間管理を徹底しよう

当日の運営について考えてきた本章の最後に，時間管理について確認しておきましょう。

開始時間が遅れたり，時間管理がうまくいかず最後に駆け足で終えると，学習効果が小さくなってしまいます。また，受講者・事務局から講師へのプロとしての信頼が失われます。

まず，開始時間を守りましょう。講師は開始30分前とか余裕を持って会場入りするようにします。悪天候で交通機関がまひするリスクを考えて，会場の近くに前泊することもあります（事務局からよく要望されます）。

やっかいなのが受講者。10分前集合とか徹底されている会社ならよいのですが，開始後ダラダラと遅れて入ってきて，しかも事務局が遠慮して遅刻者に注意しないという企業が結構あります。そういう企業に対しては，事前の打ち合わせの段階で時間管理の徹底を教育担当者にお願いしておきます。

また，演習・ワーク・テストなどの制限時間・終了時間もしっかり管理します。受講者がフラストレーションを感じる1つの要因として，制限時間・終了時間がはっきりせず，「もっと検討したかったのに，いつの間にか終わってしまった」といったことがあります。時計を準備し，制限時間・終了時間をホワイトボードに大きく書いておく，スクリーンに掲示するなど，受講者が一目でわかる状態にしましょう。

終了時間は意外な盲点

意外と盲点なのが，終了時間です。

一般に研修講師は，研修の開始時間には細心の注意を払いますが，終了時間には意外と無頓着です。スケジュール管理がうまくいかなかった場合だけでなく，話に熱が入って「これは大切なことだから」と10分，20分延長する講師がたまにいます。

しかし，与えられた時間内に終えられないのは講師のミスで，受講者にとって迷惑千万です。受講者は多忙な業務をやりくりして研修に参加していますし，終了後に約束があったり，遠方に帰宅するということがあります。

仮に，電車の遅延で講師の会場到着が遅れて，開始時間が10分遅れても，受講者はさほど問題にしません（事務局は問題にしますが）。ところが，終了時間を10分延長すると，「こっちの事情を考えずダラダラと続ける無能でKYな講師」という評価になってしまうのです。

講師は，途中でよほどのトラブルがあったか，事務局から延長を依頼された場合を除いて，絶対に時間延長をしないようにしましょう。終了間際に受講者からの質問が続くようなら，一旦研修を終了して，続けて個別に質問に対応するようにします。

かといって時間を残してあまり早く終わると，「ちゃんと時間までやってほしい」と事務局からクレームが来ることがあります。議論や質疑応答が続いているのに強引に打ち切ると，受講者が消化不良に感じてしまいます。無理なく3分前くらいに終わるように，時間調整しながら進めましょう。

1つのテクニックとして，受講者に最後のメッセージを伝える前に10～20分のバッファーを取っておくとよいでしょう。バッファーの時間が実際に余ったら，質疑応答や研修全体の振り返りなどを行います。

いずれにせよ，終了時間の時間管理は，講師の腕の見せ所の1つです。

第7章

10年間続く人気講師になるには

人気講師はマインドと行動が違う

研修講師は，始めるのは簡単ですが，続けるのは難しい商売です。

会社勤務時代の人脈と経験を生かして華々しくロケットスタートを切る講師がたまにいます。しかし，人脈も経験もすぐに陳腐化し，たいてい1～2年で失速してしまいます。

一方，大半の講師は，十分に顧客開拓ができず，昔から付き合いのある顧客に毎年4月に新入社員研修を担当するだけ，という具合に年に何回か講師をする程度。他の仕事で食いつないでおり，研修講師としてはほぼ開店休業状態です。

研修講師を名乗る人の9割以上がこのどちらかで，10年以上にわたって活躍し続ける講師は1割未満です。

研修講師に限らず何事も，10年やって一人前。どうせやるなら，10年間続く人気講師を目指しましょう。

私は中小企業大学校・中小企業診断士養成課程の実習インストラクター養成研修の講師として2006年からプロのコンサルタントを指導し，おそらく200名以上の研修講師（自称を含めて）と接してきました。

私の見る限り，人気講師と開店休業状態の普通の講師で，知識量や頭の良さでとくに差はありません。しかし，マインドや行動については，歴然たる差があります。

この章では，10年間続く人気講師になるためのマインドと行動について考えてみましょう。

既存顧客の維持から始める

10年続く人気講師になるための第一歩は，既存顧客の維持・拡大です。

有名講師になった後はともかく，独立開業後の初期段階では，次から次に新規案件の引き合いが来るということはありません。よほど営業力のある講師でも，次々と新規顧客を開拓するのはきわめて困難です。

マーケティングでは，新規顧客の開拓には既存顧客を維持するのと比べて5倍のマーケティング費用がかかるといわれます。研修講師についても，既存顧客を維持することに注力するのが，基本です。

お付き合いができた顧客に良い研修をし，満足してもらえると，次の注文（**リピート**）がもらえます。決まって次の注文をもらえる，いわゆるリピート客になると，将来にわたって安定した受注を見込めます。たとえば，課長昇格者向けの研修を担当し，翌年もその次の年も，同じ研修の依頼が来る状態です。

ただ，それで満足してはいけません。ある程度の規模の会社なら社内にいろいろな研修ニーズがあるので，タテ・ヨコに研修実施領域を広げることができます。タテとは，管理職研修からその下の中堅層や若手・新人に広げたり，逆に部長クラス・経営幹部クラスに広げることです。ヨコとは，製造部門だけに実施していた研修を営業部門や管理部門でも実施することです。

さらに，リピート客は最強の営業マンになってくれます。経営者や教育担当者は社外のつながりを持っているので，他社の経営者・教育担当者に「うちで研修をお願いしている○○先生はすばらしいです。よかったらご紹介しますよ」とプロモーションしてくれます。

顧客が1回限りの客ではなくリピート客になってくれると，社内外に研修が広がっていくのです。

リピート客になってもらうには

では，リピート客になってもらうためにはどうすればよいのでしょうか。

まず，目の前の研修が成功しなければ，次はありません。第5章・第6章の内容に注意してしっかりすり合わせし，準備し，実施し，受講者と教育担当者に満足してもらう必要があります。

ただ，それは当然の前提に過ぎません。教育担当者に「この先生に頼んで，まあまあよかったな。では次回は別の先生に」ではなく，「もっとこの先生に教えてもらいたい」という次への期待を抱いてもらうには，顧客の期待を上回る必要があります。

教える内容か付随的なサービスのどちらか（または両方）で，顧客の期待を上回るようにします。

まず教える内容では，専門家らしい深い洞察，視野の広い見識を披露できるかどうかです。たとえば，鉄鋼メーカー出身の研修講師がドラッグストアで研修する場合，当然，受講者・教育担当者は「講師は鉄鋼メーカー出身だそうだから，当然うちの業界のことは知らないだろうな」と考えます。そこで，ドラッグストア業界の構造的な問題について深い分析，市場トレンドについてマクロ的な視野の広い分析を披露すると，「やっぱりプロは違うな」と期待を上回ることができます。

付随的なサービスで期待を上回ることも可能です。たとえば，次のような方法があります。

・研修が終わってからも，受講者からの問い合わせに対応したり，受講者の発展的な学習をサポートする。
・受講者の特徴，長所・短所などを他社の受講者と比較して評価・コメントする。
・同業他社の情報を提供する。先進的な研修テーマ・研修技法の情報を提供する（機密保持には注意します）。
・受講者と研修終了後も交流する。

受講者との関係のあり方

付随的なサービスの中で受講者との関係については，研修講師の間で意見が分かれるところです。

「研修が終わってからも受講者とお付き合いするって面倒だなぁ」「講師は研修の中身で勝負するべきで，人間関係などでカバーしようというのは邪道だ」と受講者との継続的な関係を否定的に考える講師が結構います。なるほど，正論です。

しかし，多くの教育担当者と一部の意欲的な受講者は，研修講師とその場限りの付き合いではなく，継続的に交流することを望んでいます

(p.121参照)。基礎的な知識を得るだけでなく最終的に職場で実践するという研修の目的からすると，継続的な関係のほうが好ましいはずです。

教育担当者と受講者が望み，それが顧客のプラスになるというなら，やはり関係を継続するべきではないでしょうか。

継続的な関係を否定する講師は，研修講師よりも一期一会のセミナー講師のほうが向いているので，商売を鞍替えしたほうがよいでしょう。

つまり，研修講師は，人間が好きで，受講者ととことん付き合うことが苦にならない，というタイプの人が向いているのです。

なお，教育団体によっては，講師と顧客が直接取引することを恐れて，講師と教育担当者・受講者が関係を継続するのを禁じている場合があります。その場合は，教育団体のルールに従います。

研修を進化させる

さて，いったんリピート客になってもらっても，関係が長続きするとは限りません。

リピート客の状態を長く続けてもらうには，初回よりも2回目，2回目よりも3回目と，研修内容を進化させる必要があります。

よく，一度ある研修で成功すると，2回目以降もまったく同じ内容を繰り返す研修講師がいます。プログラムも，テキストも，演習も同じ。余談やジョークさえもまったく同じだったりします。

受講者は毎年変わるので，あるいは教育担当者も何年かおきに変わるので，同じ内容を繰り返しても，それほど問題ないように見えます。

しかし，受講者が格闘しているビジネスは，日々刻々と変化しています。少し勘のよい受講者は，その講師の話を聞くのは初めてでも，なんとなく「ちょっと古い感じがするな」と肌感覚でわかるものです。

現代のビジネスでは，同じところに留まり続けるのは後退を意味します。ビジネスを支える研修も，やはり同じところに止まっていてはいけません。教育担当者や受講者の意見を取り入れて，着実に進化させていく必要があります。

もちろん，好評を博しているプログラムなら，抜本的に変える必要はありません。ただ，その場合でも，演習・事例などは努めてアップデートするべきです。

研修ニーズを探り，広げる

既存の研修をリピートしてもらうだけでなく，タテ・ヨコに広げるにはどうすればよいのでしょうか。

研修講師は教育担当者に「今回は経理部でやったから，次は調達部でもやりましょうよ」「管理職だけでなく，中堅層にも受けてもらってはどうですか」という働きかけをしますが，それだけでは芸がありません。顧客のニーズを探って，顧客のニーズに合わせてタテ・ヨコに展開したいところです。

ここでいう顧客とは，教育担当者と受講者です。

教育担当者は，経営者や事業部門から人材育成についていろいろな要望を受けています。教育担当者自身も，社内の人材の状況を見て，人材育成について独自の構想を持っています。こうしたニーズを聞き出し，研修実施を提案します。

また，研修の中で受講者から各職場での研修ニーズを聞き出します。たとえば，課長昇格者を対象にしたマネジメント研修で，受講者から職場の運営について現状と問題点を聞き出します。そして，メンバー間のコミュニケーションに問題があるというならファシリテーション研修，若手が問題解決のスキルが低いなら問題解決研修の実施を提案する，という具合です。

そのためには，教育担当者と対話する機会を作ることと受講者の声に耳を傾けることが必要です。とくに教育担当者とは，その会社の人材育成の問題点について率直にディスカッションできる関係を築きましょう。

教育担当者に新しい研修を提案するとき，「受講者からプレゼンテーション研修をやってほしいという声がありましたよ」と右から左に伝えるだけでは物足りません。次のような視野の広い，筋道だった議論を展開したいところです。

「御社は○○○○という経営環境に置かれています。

その環境のなか，○○○○というビジョン・戦略を目指しています。

そのビジョン・戦略を実現するには○○○○という人材が必要です。

ところが社内には○○○○という人材が足りません，○○○○のスキルが足りません。

だから○○○○という研修をやりましょう」

教育担当者もいろいろで，自分の依頼を忠実に実践してくれる，“ポチ型講師”を好む方もいます。しかし，会社の変革を人材面から主導するような真に優れた教育担当者は，対等な関係でこういう議論ができる研修講師を求めているのです（p.179参照）。

事業領域を広げるには

研修講師の中には，「スーパーマーケットの販売員指導専門」「発想法の研修しかやりません」という具合に，業界や研修テーマを特化した“その道一筋”という方が結構います。“その道一筋”でも3～5年くらいなら人気講師でいられるケースがありますし，食べていければ十分というなら，何も問題ありません。

しかし，業界には栄枯盛衰があり，企業の研修ニーズは刻々と変化します。10年，20年と人気講師であり続けたいなら，既存の領域にとどまっていてはダメで，事業領域を広げていく必要があります。

経営戦略論によると，事業領域はWho・What・Howの3次元で定義できます。誰の（Who），どのようなニーズに（What），どう対応するか（How），ということです。研修講師の場合，

Who ＝ターゲットとする業界

What＝研修ニーズ

How ＝研修技法

ということになります。

もちろん，これらが自然と広がるわけではありません。事業領域を広げるには，Who：業界事情，What：ビジネススキル，How：研修技法について学習する必要があります。

事業領域を広げて長く大活躍し続ける講師は，例外なく研究熱心です。新しいことに関心を持ち，勉強会などに積極的に参加します。勉強になると思ったら，年下の新米講師にも，素人にも頭を下げて教えを乞うたりします。

また，自分をアピールし，ブランディングすることにも熱心です。どんなに優れたコンテンツを開発しても，貴重なスキルがあっても，それが顧客に伝わらないと，事業領域は広がりません。出版，SNS，マスメディアへの露出などを通して，自分自身をブランディングするようにします。

研修講師のレベル

ここまでの説明をまとめると，研修講師には何段階かレベルがありそうです。

① 自分の持ちネタを吐き出すだけの講師
→ 1回きりの研修で終わりです

② 教育担当者・受講者の期待を上回る講師
→ リピート受注ができます

③　研修を進化させる講師
　→ リピートの関係が長く続きます
④　顧客の社内のニーズを捉えて提案できる講師
　→ リピート客との関係が発展します
⑤　業界・ニーズ・技法を進化させることができる講師
　→ 事業領域が広がり，事業が発展し続けます

人気講師としての賞味期限は，①はせいぜい1〜2年で，10年以上続くのは④や⑤ということになります。②③が2年で終わるのか5年以上にわたって続くかは，業界・テーマと運次第というところです。

どうせやるなら，高いレベルを目指し努力・研鑽を続けたいものです。

「俺って天才？」と思うなかれ

研修講師として大切なことについて，改めて私の体験に基づき考えてみましょう。

私は2002年にコンサルタントとして独立開業し，約半年後，初めて研修講師を担当しました。大手通信会社でのロジカルシンキング研修でした。

それまで私は研修は聴くほうだけで，教えるのは初めてだったので不安でした。しかし，しっかり事前準備をして臨んだおかげで，かなりうまくいきました。

2件目は，自治体でのマネジメント研修。こちらは，ベテランのマスター講師がいて，プログラムも教材も決まっていたものを分担する形だったので，無難にこなすことができました。

こうして最初の2件がうまくいき，3件目，4件目と成功が続くと，「まったく講師経験がないのにこんなにうまくいくって，俺って天才？」と思いました。

2年目になると，失敗するケースがいくつか出てきました。2年目になると業務が多忙になり，教育担当者との打ち合わせなど事前準備に手を抜くことがあったので，受講者アンケートなどをきちんと読んで反省し，修正しました。

しかし，しっかり事前準備をしても失敗するケースがありました（10件に1件くらいですが）。逆に，時間不足であまり事前準備ができていないのに，会心の出来で，最高の評価をいただくこともありました。

先輩諸氏から「うまくいくか・いかないかは，事前準備にかかっている」と聞いていたので，考え込んでしまいました。

半年くらい考えて，ようやく成否の分岐点に気づきました。それは，受講者のレベルです。

しっかり事前準備したのにうまくいかないのは，受講者のレベルが極端に低かったり，そもそも研修受講を望んでいない場合でした。こちらがどんなに仕掛けても，丁寧に対応しても効果なし。イギリスの格言で「**馬を水辺に連れていくことはできても，水を飲ませることはできない**（You can take a horse to the water, but you can't make him drink.）」といわれるとおりです。

一方，事前準備が不十分なのにうまくいくのは，受講者のレベルが高い場合です。こちらがあいまいな説明をしても，意図をくみ取って発展的な議論をしてくれます。重要項目を説明し忘れても，前後から類推してしっかり理解してくれます。

何のことはない，研修がうまくいくかどうかは，講師のスキルでも，事前準備でもなく，受講者次第だったということです。

研修がうまくいっても，ゆめゆめ「俺って天才？」と思ってはいけません。成功してもおごらず，逆に失敗しても腐らず，謙虚に努力を続ける姿勢が必要です。

学ぶ者の心に火をつける

研修で，自分の専門知識を相手に伝えるのは，それほど難しいことではありません。教える側は，自分の専門領域に何年も取り組んでいるわけで，知識の幅も深さも学ぶ側をはるかに上回っています。相手の知識レベルに合わせて，例示などをまじえて丁寧に説明すれば，たいてい理解してもらえます。

ただし，社会人を対象にした研修は学習時間が限られるので，伝達できる知識の量には限りがあります。基本事項は伝えられても，実際のビジネスで役に立つ発展的なことまでは，なかなか伝えられません。

結局，受講者が研修で学べることには限りがあり，自分なりに学ぶ必要があるということです。研修で基本を理解して終わりでなく，職場に戻って自分の事業・業務に適用して，初めて研修での学習が大きな意味を持ちます。

また，他人から「これを勉強しなさい」と押しつけられるのと，興味を持って自ら進んで学ぶのでは，学習効果が大いに異なります。社会人の学びは，自分なりに工夫して学習する自己啓発が本来の姿です。

哲学者ウィリアム・ウォードがすばらしい言葉を残しています。

The mediocre teacher tells.（凡庸な教師はただしゃべる）
The good teacher explains.（良い教師は説明する）
The superior teacher demonstrates.（優れた教師は手本を見せる）
The great teacher inspires.（偉大な教師は学ぶ者の心に火をつける）

ウォードによると，わかりやすく教えることよりも，学ぶ者に「もっと学びたい！」と思わせることが大切だということです。良い教師の条件は，物事をよく知っているとか，説明の仕方がうまいとかいうことではなく，学ぶ者の学習意欲をかき立てられることなのです。

付録

関係者インタビュー

① 宮本 実果 氏（プロ研修講師＝研修で教える人）

② 吉川 哲也 氏（研修講師の募集・研修の販売を担当＝研修を売る人）

③ 辻　拓己 氏（三菱重工業・三井化学で教育担当＝研修を買う人）

研修で専門家の活動領域を広げる！

宮本　実果 氏

株式会社MCブランディング代表取締役，産業能率大学/自由が丘産能短期大学兼任教員。団塊ジュニア世代として生まれ，就職氷河期に社会人となり，鉄道企業広報，人材開発コンサルタント，フリーアナウンサー等10年の会社員生活を経験。28歳の時に働きながら大学へ編入学し，産業組織心理学を学ぶ。そこで，働く人の問題を多面的にサポートする産業カウンセラーという資格に出会い，人材開発コンサルタントを経て，2007年に産業カウンセラーとして独立開業。年々，組織と人に関する課題発見や問題解決，OFF-JTのニーズが高まり，企業に深く入りこむ。2019年，産業カウンセラーと経営学修士（MBA）などの専門家の知見と実績を最大限に生かし，株式会社MCブランディングを設立。労働人口減少や社会保障問題に対して真摯に向き合い，企業の課題解決とともに社会に役立つ企業を目指している。

• •

日沖：まず，現在に至るまでの経歴・職歴を紹介していただけますか。

宮本：社会人になって札幌で学校の職員をしました。ただ，職場環境が悪く，1年で辞めました。当時は就職氷河期で，再就職するよりも手に職を付けようと思い，フリーのアナウンサーを始めました。

日沖：アナウンサーをやろうと思ったきっかけはあったんですか。

宮本：高校生のときに（地元の）STVラジオの番組に準レギュラー出演していました。その時にお世話になった方から，局アナではない番組用のアナウンサーとしてオーディションに声を掛けてもらいました。フリーアナウンサーとして30歳まで活動し，その間，JR北海道の広報部門でも働きました。

日沖：そこから東京に移ったきっかけは？

宮本：その間，産業能率大学の通信教育課程で産業・組織心理学を学びました。JR北海道という大きな組織にいたので，組織と人の関係について興味を持ち，産業カウンセラーの資格を取りました。そして，東京都内の人材開発コンサルティング会社に転職しました。

日沖：そこではどういうお仕事をされたんですか。

宮本：研修の講師もやりましたが，研修プログラムの開発を担当しました。テーマはコミュニケーションです。そして，コンサルティング会社を辞めて，独立開業しました。

日沖：そこから現在に至るわけですが，独立開業当初と現在では，活動が違ってきていますか。

宮本：当初はBtoC（個人向けのカウンセリング）の仕事が5割でしたが，4分の1以下に減っています。個人のカウンセリングをしてきた蓄積を生かして企業の問題を発見して解決策を提供する仕事に，ニーズがシフトしています。かつて産業医が対応してきた問題について，現場のことを知るカウンセリングの専門家に対応してほしいという企業側のニーズが増えていると実感します。

日沖：そのほかでは，大学でも教えていらっしゃいますね。

宮本：産業能率大学で「しなやかな心を作るメンタルマネジメント」「就職と再就職のキャリアデザイン」という2科目を担当しています。

日沖：さて，研修にフォーカスしてお聞きします。独立開業して最初は個人を対象にしていたのが，研修業務をするようになったきっかけはあるんですか？

宮本：当初，経営者の個人カウンセリングをする機会がたくさんありました。経営者の方から「社員の面倒も見てくれ」という話になり，従業員の研修の依頼をいただきました。最初は人材サービスのベンチャー企業でした。

日沖：最初に担当した研修は？

宮本：インターンシップで来ている学生に「社会人とは何か」というテーマで研修をしました。その会社で社員向けにプレゼンテーション研修なども担当するようになりました。

日沖：現在は，どういう研修を担当されているんですか。

宮本：最も多く担当しているのは課題発見です。講師というよりは産業カウンセラーが教えているというスタンスです。受講者に職場の課題を持ち寄ってもらい，検討するやり方です。この研修から発展して，職場の課題を解決するために，コミュニケーション，傾聴のロールプレイング，会議のファシリテーションといった研修に発展することがよくあります。

日沖：ほかには？

宮本：パーソナル・ブランディングやチームのブランディングの研修もやっています。

日沖：業種は？

宮本：さまざまです。医療系もあり，IT系もあり。

日沖：研修講師に業務を広げてよかったことは？

宮本：恵まれた企業勤務から飛び出して，自分自身で切り替えて一生生きていく術を見つけ出せたのはよかったと感じています。他人と接する仕事をしていなかったら，自分が視野の狭い人間になっていたのではないかと思います。常に成長する環境に身を置いていること，そして個人の問題から企業の問題へと仕事が広がっていったのは，ありがたいことです。

日沖：講師専業という人とはかなり違いますね。

宮本：「これを教えます」ではなく，「これをやりましょう」というスタンスでやっているのは，他の講師との差別化になっていると思います。カウンセラーをやっていることが，確実に研修講師としてのレベルアップにつながっていますね。

日沖：これまで印象に残った研修の体験をお聞かせください。

宮本：何度も体験したことですが，研修中に全く質問や発言をしなかった方が，アンケートでは，「もっと話したかった」「また会いたい」と書いてくることがよくあります。最初は「私の力不足なのだろうか」と悩んだこともありましたが，クライアント企業の人事の方に，「話をしたい社員が見受けられるので，もしよかったら，カウンセリング希望者を募ってみませんか？」と提案をしてみました。はじめは試験的に実施したのですが，これが思った以上の成果をあげ，結果的に全体研修と1対1のカウンセリングの組み合わせによる生産性向上が最強タッグだとわかりました。成功させるには，やはり事前の準備です。準備次第で結果が大きく違ってきます。研修が何を目的にしているのか，企業のゴールとマッチングしているか，しっかりすり合わせをすることが大切です。

日沖：まったく同感です。

宮本：ただ，教育担当者としっかりすり合わせしても，受講者に伝わっていなくて，「なんで俺はここにいるんだろ？」という表情の方がいて，しっくりこないということはあります。

日沖：講師と教育担当者のコミュニケーション，教育担当者と受講者のコミュニケーションですね。

宮本：ええ。最近はこのすり合わせのために，研修のねらい・目的などについて1分間程度の動画を撮影し，教育担当者を通して受講者に配信しています。文章だと読まないけど，動画だと見てもらえますからね。

日沖：研修当日の運営で注意していることはありますか？

宮本：社外の会場で実施するときなど，ITトラブルなどいろいろなトラブルが起こることを想定して，事前準備するようにしています。講師業務に専念できるように，お金をかけてでも運営アシスタントに手伝ってもらったりします。

日沖：なるほど，そこまでやったほうがよいわけですね。

宮本：あと，当日だけでなく，日ごろから教育担当者と信頼関係を築くことも大切です。信頼関係があれば，トラブルがあってもしっかり対応してもらえます。

日沖：教育担当者と信頼関係を築くにはどうすればいいのでしょうか。

宮本：やはり打ち合わせなどコミュニケーションの濃密さですね。打ち合わせの中でゴール設定などきちんと向き合い，「この講師はスゴイな」と思われるかどうかでしょう。

日沖：ところで，宮本さんが顧客開拓をするうえで営業面で心がけたことがあれば教えてください。

宮本：個人でやっていた頃は，既存顧客からの紹介やホームページを見た方からの依頼が多く，それほど営業を意識しませんでした。法人化してからはビジネスパートナー（1名）と業務委託契約をし，営業や調整をお願いしています。ビジネスパートナーのおかげで，講師業務の比重を高めることができましたし，介護など今までに経験がなかった業界に顧客が広がりました。

日沖：研修講師の営業では，他の研修講師と差別化するセルフブランディングが重要だと思います。宮本さんのセルフブランディングについて教えてください。

宮本：見栄えのよいサイトを作ればいいだろう，と安易に考える講師がいますが，化けの皮はすぐに剝がれます。まず，「これが自分の専門領域だ」という絶対的なものを追求し，専門家としての知識とプライドを持つ必要があります。そのうえで，自分がやってきたこと，大切にしてきたこと，どうして他人が自分に寄ってくるのだろう，ということを徹底的に分析し，自分のブランディング戦略を確立するべきです。あと，きっちりしたIT戦略が必要です。

日沖：IT戦略というと，メディアとしては？

宮本：やはりきちんとしたホームページを持つことですね。ブログやSNSを中心に活動する講師も多いようですが，やはり企業はホームページを見ますので。教育担当者は，社内で稟議を上げ，承認を得る必要があります。ホームページがないと，企業から信頼を得るのは難しいでしょう。

日沖：順調に研修講師業務を広げてきた宮本さんですが，研修講師として成功するためのポイントを教えてください。

宮本：「今日１日の研修をゴールにするな」と申し上げたいです。研修講師は（セミナー講師と違って）会社と寄り添っていく存在です。この研修しかないということではなく，会社のいろいろな課題に研修を提供していくことで，リピート受注し，長期的な関係を構築することができます。

日沖：たしかに，セミナー講師と同じで一期一会という残念な講師が多いですね。

宮本：あと長期的に活躍するためには，専門家として専門知識を常にアップデートすることは絶対的に必要です。また，視野を広げるには，専門家同士でつるむのはやめたほうがいいですね。私は別の世界で活躍している方，たとえばクリエーターのような方と接することを大切にしています。

日沖：今後取り組みたいことなどありますか？

宮本：最近，他社の人と関わりたいという現場のニーズが増えています。他社と交流して研修する架け橋になりたいと思っています。

日沖：研修講師になりたい読者の皆さんにメッセージをお願いします。

宮本：これから独立開業する人は，「やりたいこと」に焦点を当てることが多いですが，成功するために大切なのは「やり続けること」。自分がやり続けられるテーマに向き合っているのか，真剣に考えてください。営業がうまくいかずやめてしまう人が多いですが，手段が目的になってしまうことがないよう，まず何のために講師をするのか，セルフマネジメントする必要があります。

日沖：なるほど。

宮本：事業・会社はたくさんの人が関わって動いています。雑用などを含めて自分でやり切る覚悟，そして信念が必要です。あと，心理的に追い詰められてはいけないので，「俺はこれしかやらない」というプライドを捨てて，仕事の間口を広げていくことが重要です。

日沖：すでに別の分野で活動している専門家の場合は？

宮本：現在の業務でうまくいっていないとしたら，必ず理由があります。よくあるのは，顧客のニーズと自分の専門性とがマッチしていないケースです。自分を求めている顧客は，自分が仕事をしたい顧客ではないという可能性があります。顧客ターゲットが適切なのか，もう一度見直してはどうでしょうか。

日沖：今日は貴重なお話を聞かせていただき，ありがとうございました。

受講者・企業，そして社会に貢献する研修講師とは

吉川　哲也 氏

コベルコ・キャリア・ディベロップメント株式会社代表取締役社長。
1986年㈱神戸製鋼所入社。産業機械の開発・設計・営業部門，人事部門などを経て，2017年コベルコ・キャリア・ディベロップメントへ。2018年から現職。
コベルコ・キャリア・ディベロップメントは，1985年に株式会社神鋼ヒューマン・クリエイトとして設立，本社・神戸市。本社オフィス（神戸市中央区）と技術研修センター（兵庫県加古川市）を拠点に，神戸製鋼グループを中心に広く全国の企業に教育・コンサルティングを提供している。

• •

日沖：まず貴社の沿革から教えていただけますか。

吉川：1985年の設立です。当時，日本企業が経営機能を分社化する動きが始まった頃で，神戸製鋼所の人事部能力開発室が担っていた教育機能を分社化し，誕生しました。

日沖：当初は神戸製鋼グループ向けの研修オンリー？

吉川：いえ，設立当初から，社内で培ったノウハウを社外に展開して世

の中に貢献しようと，外販を志向しました。人事部門担当者の社外のヨコのつながりでビジネスを広げました。

日沖：現在の事業の概況を教えてください。

吉川：当社の研修事業は大きく2つあります。1つは，ホワイトカラー・管理職向けのビジネス系の研修，もう1つは技術研修センター（加古川市）で実施している技能職向けの技能系の研修です。神戸製鋼所の技能職社員は入社して5年間，各職場で働きながら「技研生」として技術研修センターで学びます。

日沖：外販比率は？

吉川：外販は2割程度，8割は神戸製鋼グループ向けです。神戸製鋼グループの研修ニーズが増えており，この数年間外販比率は上がっていません。外販はビジネス系が主体ですが，技能系のほうでも外販をしています。

日沖：講師の人数は？

吉川：社員約80名のうち，ビジネス系の講師は20名弱，技術研修センターの技能系の講師は20名強です。独立の外部講師に研修業務を委託することもあります。

日沖：貴社の目指すところについて教えてください。

吉川：「人と組織の成長支援を通じて，社会に貢献する」という企業理念を掲げています。成長支援の対象となる顧客は，直接的には研修に参加する受講者ですが，受講者を研修に派遣する企業組織や上司の方も顧客ということになります。当社の研修が受講生の知識・スキル習得だけでなく，考え方や行動を変える「キッカケ」

になり，受講生の「行動変容」が企業組織の目標実現につながること，結果的に企業組織を通した社会貢献につながることを目指しています。

日沖：顧客サイドのニーズの変化を感じますか。

吉川：技能系で最近増えているのは，工場の現場の管理職・監督職を対象にしたマネジメント研修です。きちんと部下指導をできるような。

日沖：あ，それは私も感じますね。ビジネス系では？

吉川：研修体系そのものを見直したいというご相談をよくいただきます。かつて企業は，従業員に新卒一括採用で40年間同じ会社で働いてもらうという前提で階層別教育などを組み立てていましたが，従業員の就業意識が変化し，中途採用者も増えています。こうしたなか，中途採用者に組織になじんでもらうといった研修ニーズとともに，カフェテリア方式の導入など，研修体系を見直そうというコンサルティング案件が増えています。

日沖：これだけ幅広く研修を展開していると，うまくいく場合もいかない場合もあると思いますが。

吉川：そうですね。まず失敗は，講師と受講者が双方向にならず，講師からの一方通行や通り一遍になった場合ですね。そうなってしまう原因として，事前に想定していた受講者のレベルと実際に参加した受講者のレベルがまったく違っていたということが時としてあります。

日沖：それは私もよく体験します。

吉川：あと，職場の上司が「とにかく行ってこい」という感じで研修の目的などを知らせておらず，受講者が「どうして俺はここにいるの？」という感じなってしまうということもあります。

日沖：教育担当者との間ですり合わせをしているでしょうが，それでもそういう問題が起こりますね。

吉川：ええ，（教育担当者はともかく）お客様の職場はいろいろで，教育に対して意識を持っていない上司の方もたくさんいますから。自分でお金を払うセミナーでは考えにくいことなんですが。

日沖：うまくいく研修は，その逆ですね。

吉川：ええ，受講者の業務上の課題にジャストフィットした気づきを与えられた場合です。受講者は何らかの課題感を持って研修に参加します。事前にすり合わせができていると，その課題感を研修の俎上に載せることができます。受講者が新しい考え方を学ぶだけでなく，自分の引き出しの中から「発見できた！」と感じられる導きができたら，良い研修です。

日沖：いまおっしゃった点が，研修を成功させるポイントということになりますね。

吉川：はい。講師は，顧客企業の状況を外部者の目で俯瞰しつつ，受講者による組織の問題の発見を促す。それが受講者の行動変容につながれば大成功です。研修の中では，状況に応じて「自信を持たせる」「危機感を醸成する」ことを使い分け，受講者が研修終了後に取るべきアクションを自覚できるよう意識づけする。もちろん，その前提として，事前のすり合わせで教育担当者との間で組織の課題感をしっかり共有する必要があります。

日沖：ところで，新しい顧客を広げたり，新しい研修を導入してもらうためのポイントは？

吉川：いろいろなパターンがありますが，顧客企業が研修体系を見直す中に私たちのコンテンツを取り入れてもらうと，受け入れてもらいやすいですね。人事制度，評価制度，資格の要件など見直すところを一緒に考えていきましょう，というやり方です。

日沖：そういう相談ができる関係性をまず構築する必要がありますね。

吉川：そのとおりです。もう1つ，個別撃破といいますか，あるお客様と関係を作って，そこから広げていくやり方もあります。たとえば，当社にはMACS*という研修があります。そういう特徴のあるコンテンツをまずお客様に試しで使用していただくわけです。

＊MACSは，受講者が5〜6名1チームで会社経営を疑似体験するシミュレーション・ゲーム。コベルコ・キャリア・ディベロップメントのオリジナル・コンテンツ。

日沖：次に講師について伺います。ビジネス系の講師は，中途採用が主体ですか。

吉川：そうですね。すでに講師をしている人も，未経験者もいます。20代から50代まで幅広く採用しています。

日沖：採用で重視しているポイントは？

吉川：ビジネス経験を重視しています。とくに，自己裁量の経験が身についていること，もしくはその素養があることが必要条件です。

日沖：自己裁量ですか。

吉川：ええ。営業担当者が案件を受けるものの，講師は教育担当者と話し合って，研修を作り上げていく必要があります。指示待ちで，与えられた案件をこなすだけの講師では務まりません。自分で判断し，動いて，しかし上司の指示や周りの協力を仰ぎながら成果を実現するというやり方が重要です。

日沖：専門知識は必要ないと。

吉川：いえ，何も知らんではさすがに困ります（笑）。勉強はしておいてもらわんと。ただ，前職でそういう動き方ができていたかどうかは，しっかり見るようにしています。

日沖：講師の育成についてはどう取り組まれていますか？

吉川：基本はOJTです。本人の経験や特徴を見極めて，適性に合った研修領域を決めます。各領域には先輩講師がいるので，まず先輩の研修をオブザーブさせ，次に一部分を担当させ，先輩が評価・指導するというやり方です。また，先ほどのMACSのような標準プログラムにはマニュアルがあるので，勉強してもらい，ライセンスを付与します。

日沖：売りやすい講師，評判のよい講師の条件は？

吉川：スキル面では，研修の目的・ゴールをしっかり意識し，自分なりに研修の内容を設計し，準備段取りができる講師は，受け入れてもらいやすいですね。研修では，受講者の関心・理解度が想定と違うなど，いろんな状況変化があるわけです。そういうとき，しっかり目的・ゴールを意識し，自分なりのストーリーを描いて，それに沿った対応ができると，受講者や教育担当者からの評価も上がります。

日沖：なるほど。

吉川：あと，先ほど触れた「一方通行」というのは，受講者の研修への反応をしっかり把握できていない状態です。受講者とコミュニケーションを取って，受講者の気持ちを理解することが必要です。

日沖：吉川社長はたくさんのプロ研修講師と接してこられたわけですが，ビジネスとして成功する講師と失敗する講師の違いはありますか。

吉川：独立して活動している講師は，一念発起で独立しても，たいていの場合最初の数年間は顧客開拓に苦労されていますね。その状態をくぐり抜けて人気講師になるには，やはり人の縁が大切です。

日沖：ただ，人脈が豊富な講師が成功するとは限らない。

吉川：そこですね。講師業をしていると，自分自身のキラリと光るものが見つかったり，他人からの指摘でそれに気づいたりします。「これだ！」という鉱脈を見つけたとき，チャンスをつかんでものにするために懸命に食らいついていくというのは，成功する講師に共通している印象です。

日沖：なるほど。大した経歴も資格も学歴もなくても，大成功している講師はいますね。

吉川：「俺，こんなんで飯を食えるようになるとは思ってもいなかったよ」という話はよく聞きますね。「人生万事塞翁が馬」というところはあります。

日沖：研修会社に所属する社員講師の場合は？

吉川：先ほどの話につながりますが，いかに顧客企業の価値観に近づいていけるか，ですね。顧客企業の課題感は環境変化とともに変わっていくので，それをくみ取って相談に乗っていけるかどうかで，成功・失敗が決まってくると思います。

日沖：研修講師を目指す読者の皆さんにメッセージを。

吉川：受講者の成長を通して社会に貢献するためには，情報感度を高め，知識・知見を習得するのはもちろんのこと，人間力を高める努力が欠かせません。非常に厳しい職業である反面，研修終了後に受講者から拍手をもらえたり，顧客企業の担当者から感謝の言葉をもらったりするなど，この上ない喜びを感じることができる，魅力ある仕事です。夢を持って研修講師業務に取り組み，すばらしいビジネスライフにしてください。

日沖：今日は貴重なお話を聞かせていただき，ありがとうございました。

こういう研修講師と一緒に仕事したい！

辻　拓己 氏

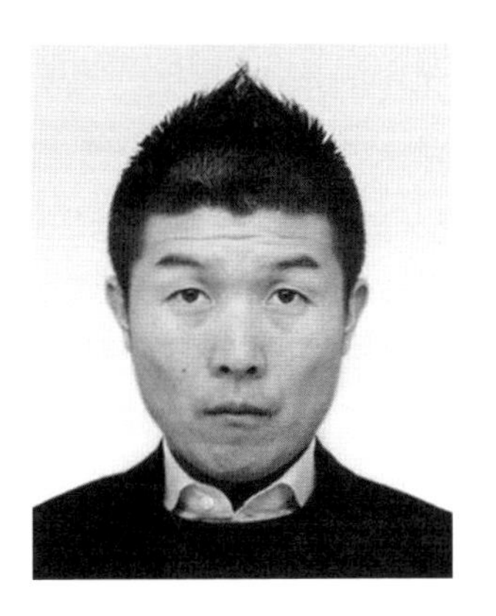

㈱リクルート，三菱重工業㈱に勤務し，現在，三井化学㈱のグローバル人材部タレントマネジメントチームに所属。チームリーダーとして，国内外連結従業員約18,000人を対象に経営人材育成を目的とした，タレントマネジメント全体の制度設計・プロセス（キータレントマネジメント）を管理。また，HRISやHRアナリティクス，クロスボーダーのM&Aにおけるデューデリジェンス・PMIを担当しつつ，HRビジネスパートナーとして，成長領域のモビリティ事業本部，フード&パッケージ事業本部にも所属する。

• •

日沖：現在までの経歴・職歴をお話しください。

辻　：人事領域におけるキャリアは，2005年に入社した㈱リクルート（現在の㈱リクルートキャリア）からスタートしました。

日沖：リクルートでは中途採用のお仕事でしたね。

辻　：はい，各種求人メディアや人材斡旋エージェントを活用した採用支援を担う企業向け側のコンサルタントという役割でした。担当クライアントとして，大手総合メーカーを担当しておりましたが，特に主要な顧客として，三菱重工業を担当しておりました。当時，三菱重工業は日本で最も中途採用数が多い（年間数百名規模）会社の1つでした。

日沖：三菱重工業に入ったのは2008年でしたっけ。

辻　：はい，三菱重工業長崎造船所の人事責任者の方から声をかけていただいたのをきっかけに，人事領域を事業会社側でチャレンジしようと考え，転職を決意しました。三菱重工業長崎造船所では採用・育成を中心に社内保育園の設立/建設や従業員エンゲージメントサーベイを活用した組織変革などのプロジェクトを担当しました。

日沖：インドに行ったのは2012年ですかね？

辻　：はい。本社に異動の後，インドに赴任し，そこで地域全体の人事機能の整備を担当しました。約3年半駐在した後，帰国後は，再び長崎造船所に戻り，事業再編や労使交渉，労務管理などを担当し，2017年，本社のグローバル人事部に異動し，経営人材育成に関するタレントマネジメントの制度設計に関わりました。その後，縁あって，2018年に現在の三井化学に転職しました。現在はタレントマネジメントチームのチームリーダーとして，グループの経営人材の育成に関する制度とプロセスの取りまとめをしております。

日沖：さて，三菱重工業ではどっぷり教育担当をされていました。

辻　：そうですね，とくに長崎地域では，教育体系全般を担当していたので，技能職のリーダーシップ研修，階層別教育，ソフト系・スキル系の選抜研修，わりと体系全般，新入社員教育もやりました。

日沖：本社やインドでは？

辻　：本社では経営人材候補を特定，育成することを目的とした，グループのインタータレント・マネジメントの制度設計をやりました。インドにいたときもタレント・ディベロップメントを担当し，インドのビジネススクールの開拓・提携を通したリージョンにおけるリーダーシップトレーニングプログラムを開発しました。

日沖：具体的なお話の前に，三菱重工業・三井化学といった日本を代表する企業でお仕事をされて，日本企業の人材育成についてどういう課題を感じていますか。

辻　：日本企業では，人材を育成するという機能，あるいは採用する，評価するという機能が分断され，タレントマネジメントが統合されていません。研修を実施する側も受ける側もそれが自分のパフォーマンスにどうつながっていくのか，研修を受けることできちんと業績が上がって自分の報酬に反映されて，次のポジションをつかむことができるのか，といった一連のキャリアのラダーが見えている会社は，特に製造業では少ないと思います。

日沖：人事部門にも問題がありますね。

辻　：ええ，われわれ人事部門も，人事・労務行政・教育と部門が明確に分かれ，連携ができていません。ビジョナリーな世界を事業部側に伝えきれていないというのは課題です。

日沖：なるほど。

辻　：企業では，圧倒的に経営人材が足りない。事業構造が多角化・多様化していて，1つのバリューチェーンに留まることはない。そこを最終的にリードしていける人材が果たしているのか，いないのか，中にいるのか，外なのか，わからなくなっているというのが大きな課題です。

日沖：なるほど。ここからは研修にフォーカスしてお話をお聞かせいただきます。これまで担当されて印象に残っている研修は？

辻　：インドで立ち上げたリージョナルな育成プログラムが印象に残っています。インドというか，グローバルなカルチャーの中では，タレント・ディベロップメントに対する社員からの要求（報酬の一部としての認識）は，非常に高いんだなというのを改めて肌で実感することができました。

日沖：対象者は，インドの現地人採用の幹部候補生でしたか。

辻　：いえ，日本からも課長クラスが10人ほど参加し，現地幹部候補10人との合同でした。インドでは，現地法人に所属する社員がどうしても三菱重工業のグループという一体感を感じづらかったという現実があり，三菱重工業のカルチャーとかあるべきマネージャー像がなかなか見えないなかで，あるべき行動規範をきちんと伝えていく必要性がある，というニーズを捉えてデザイン，導入しました。

日沖：インドだと個人主義的というか，会社のためとか三菱重工業全体のためにとかあまり考えないような…。

辻：そうでもありません。むしろ意識は高いですし，インドは親日なので，彼・彼女は三菱重工グループに入ったという意識を持っています。自分のコミットメントを表明する場所を求めているというのが，1つの大きな発見です。

日沖：いろいろな副次効果がありそうですね。

辻：やはり1つのリテンション（雇用維持）対策になります。研修の場で議論やグループワークをすると，どれくらいのポテンシャルがあるのかがわかり，次の登用・活用といった人事目線でも役に立ちます。

日沖：辻さんは，数々の研修を企画・運営とかされていますが，企画・運営を成功させるうえで注意していることはありますか。

辻：想定力，ですかね。

日沖：想定力？

辻：本当にこの講師の先生がうちの社員に対面したときにどんな化学反応が生まれるんだろうかっていうのは，綿密に想定しないといけません。マーケティング的にいうと，研修のターゲットである社員のニーズに研修というプロダクトが合致しているのか。講師の名声だけにとらわれてはダメだし，スキルとかテクニカル・ナレッジだけでもダメだし。他の会社でOKだった講師がうちの会社でも適用し得るかどうかはわかりません。絶対OKということはありえないし，会社の事業課題に対して本当に親和性があるのか，マッチするのか，というのをシリアスに考え抜く，というところかなと思います。

日沖：その見極めって，なかなか難しいんじゃないんですか。

辻　：そうですね。ある程度の経験は必要ですが，やっぱり社員をよく知ることが重要だと思うんですよね。AさんBさんという具体的な顔を頭に思い浮かべますもんね。あの人がオッケーだったからそれよりも下の人は大丈夫だろうな，といった感覚。自分が一番ソリューションを届けたいターゲットを頭に浮かべて，この人なら受け入れてくれそうなレベル感かどうかっていう目線で判断するわけです。講師選定の判断でも難しいのは，自分の経験値の中で言っていることの論理性とか事例のアップデートさ加減とか，深さ加減とか。事業会社でマネジメント経験を積んでいるような引き出しがたくさんある講師はこのあたりができますね。

日沖：なるほど。

辻　：まったくフィットしていない講師もいらっしゃいました。各種書籍を出版されていて，市場におけるレピュテーションは高い方でしたが，タレントマネジメントにつながる選抜されたメンバーの育成に対して，ご自身の蓄積された一般的な概念のフレームワークだけで乗り切れると思っていたようでした。サービスを提供する企業に関する事業を精緻に研究しておらず，当該事業体がなぜ競争力があるのか，ないのかという点に，ご自身なりのインサイトがありませんでした。

日沖：という状態が，1回見ただけでわかってしまった。

辻　：そうですね。やっぱりフィットする先生，しない先生っていうのはありますね。距離感をぎゅっと縮められる講師かそうでないか。現場の空気感とか。

日沖：今の話ですと，研修を成功させるポイントとしては，講師と認識合わせをするということですかね。

辻　：そのとおりです。あとは先ほどお話ししたとおり，一連の人事機能と研修の有機的なつながりが必要です。また，受講者の気持ちのマインドセットをしておかないと，学習効果って生まれないじゃないですか。

日沖：コンテンツではない。

辻　：実は結局コンテンツって，特にリーダー育成においては，極論ではどうでもよかったりします。研修をデザインする側としては，環境づくりや設計思想がないなかで，研修コンテンツだけを最高のものにするというのは無理です。そういったことを踏まえ，人事と対話できる講師，事業戦略から研修に落とし込むようなディスカッションができる講師が，やっぱり良いですね。そこまでできる教育担当者がいるのか，というわれわれの問題はありますが(笑)。

日沖：講師との関係性で注意していることはありますか。

辻　：建設的なアドバイスをしてもらえるかどうか，ディスカッションさせてもらえるかどうか。どちらが上とか下でなく，そういうパートナー関係になるといいですね。

日沖：良い講師の条件というのは，その辺りでしょうか。

辻　：そうですね。専門性はあって当たり前。それを現場に落とし込んで話せるかどうか。業界の経験はなくても，ビジネスの経験がなくても，そういう共感力のある講師は頼もしいですね。

日沖：最後に，研修講師を起用する立場から読者の皆さんにメッセージを。

辻　：研修講師は，とても難易度が高い仕事だと思います。人に何かを伝える，行動変容を促す使命があるのですから。権限を持っている部下に対して伝えるのでも一苦労なわけで，研修講師には相当な努力が必要だと思います。ただ，ドラスティックに変化する事業環境においては，リカレント教育，異分野における専門性の獲得など，企業側のニーズは確実にありますから，新しい形・多様なアプローチで市場を活性化させてほしいと思います。

日沖：今日は貴重なお話を聞かせていただき，ありがとうございました。

■著者

日沖　健（ひおき　たけし）

日沖コンサルティング事務所代表，産業能率大学講師，中小企業大学校講師，中小企業診断士
1965年愛知県生まれ。1988年慶應義塾大学商学部卒業。1998年Arthur D. Little School of Management修了，MBA with distinction
1988日本石油（現・エネオス）入社
2002年日沖コンサルティング事務所を開業。経営戦略のコンサルティング，経営人材育成の研修などを行う。
著書に『ケースで学ぶ　経営戦略の実践』産業能率大学出版部，『経営人材育成の実践』経営書院，『歴史でわかる　リーダーの器』産業能率大学出版部，『変革するマネジメント』千倉書房など。
https://www.hioki-takeshi.com/

2020年 4 月10日　第 1 刷発行

プロの研修講師になる方法

©著　者　日 沖　　健

発行者　脇 坂 康 弘

〒113-0033 東京都文京区本郷 3-38-1
発行所　株式会社 同友館　TEL.03(3813)3966
FAX.03(3818)2774
https://www.doyukan.co.jp/

落丁・乱丁本はお取り替えいたします。　西崎印刷／萩原印刷／松村製本所
ISBN 978-4-496-05464-8　Printed in Japan